U0067079

面試。

EASY JOB

●作者：汪心如

　　寫《求職Easy Job！》與《面試Easy Job！》這兩本書的動機有很多，但目的只有一個—就是幫助求職障礙者，依據自身的KSC（Knowledge知識、Skills技巧、Capabilities能力），找對職業方向，再透過適當的包裝及加強英語訓練，令資方相信只有你最適合這份工作；還有不論是求職前或是到職後，自己的心態、舉止及談吐都該做怎樣的調適才能勝任愉快，進而成為職場中的佼佼者。

　　因職務的關係，多年來我面試過數不清多少位有潛質的年輕人，東方人、西方人都有。他們雖有璞玉之質，但畢竟不見得每個人都有幸遇到獨具慧眼的雕刻師傅，使自己發光發亮。所以在求職前就必須先有所準備，務必給主試者留下深刻的印象。

　　我國的傳統教育一向強調含蓄與謙虛，故大部分的求職者於面試時，都表現得過於拘謹和被動，不懂得在短短的數分鐘內展現應有的學養與才幹。若有幸謀職成功，因為沒有在面試時給主試者留下良好的深刻印象，也沒有在工作中突顯自己，長此以往，你仍是別人眼中的助理小弟、小妹，升遷總是與你無緣。就算跳槽也只能申請同等級的職位，換湯不換藥，徒然浪費自己的青春。

所以新鮮人找好工作得有好的規劃，展現優勢贏得主管的青睞，脫穎而出。儘管你擁有高學歷，畢業於明星學校，沒有好的包裝（一份吸引人但真實的履歷表），或沒有沙盤推演過面試問答練習，就草草上陣，臨場反應不夠，也有可能慘遭滑鐵盧。

　　尤其目前的台灣就業市場競爭激烈，就算是應徵初級職位都得具備基本英語或其他外語能力。如果你能準備**一份中文與一份英文的履歷表**，面試前也有參考練習本書中所舉的中英文問答題範例，以「熟練的求職英語」回答主試者，要知道求職者是否具備英語能力將影響其薪資高低，且年薪差距可達3萬6千至7萬2千元。

　　《*面試Easy Job！*》囊括求職面試前的準備事宜、各行各業的面試穿著法、面試時的應對進退、各行各業的中英文面試考題範本、面試後加分法與其中英文範例、婉拒職位的中英文範例、迎接職場生涯的挑戰、還有人力資源相關網站等。讀完此書，你已是個面試高手了。

目錄索引

CONTENTs

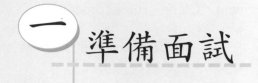

準備面試

外貌衣著是評分的第一項目

古有明訓「佛要精裝，人要衣裝」、「先敬羅衣，後敬人」。當然不是叫你才20歲出頭，就得穿全身名牌Armani、Channel的套裝去應徵助理、業務、或程式設計師的職位；而是教你要穿得符合應徵公司的企業文化和工作性質，給人專業、可以信賴的感覺。

這種感覺，除了靠衣服的設計外，還得看它是否能結合你本身的氣質，整體的提升別人對你的印象。不是穿名牌就有這個效果的。

自我的氣質分為無形和有形。無形的氣質當然就是自我的學養，這得靠日積月累的努力才能達成；此外，當然還少不了要有健康紅潤的好氣色來襯托，所以面試的前一晚一定要有充足的睡眠，不要熬夜。而有形的氣質就是自身的清潔習慣，結合外物的造型搭配，予人好感。

自身的清潔習慣包括：口氣芬芳，無體味、頭皮屑，眼鏡片上沒有油垢指紋，男士要刮鬍鬚、修剪頭髮、鼻毛、耳毛，女士要剃腿毛與腋毛、檢查絲襪有無破洞、臉上有適當的化妝等等。

相信大家都瞭解一般的辦公室面試衣著禁忌，像不可穿球鞋，拖鞋，涼鞋，短裙，短褲，低腰褲，短窄裙，T恤，背心，誇張的

染髮或髮型，兩耳釘滿耳環，鼻環，刺青，濃妝豔抹，嗆鼻的香水或古龍水，避免佩帶與應徵職位不相稱的飾物，戴墨鏡、造型特殊的眼鏡、或顏色奇怪的隱形眼鏡與指甲油等等。

除了這些之外，基本的穿衣美學也一定要知道。有些禁忌像是：膚色黝黑的人，別穿深色系的衣服，免得黑成一團；體型粗壯的人，別穿緊身衣物，省得看起來像條香腸；腿短的人，別穿寬大的褲子或裙子，以免像顆聖誕樹。你可以參考服裝方面的書籍，找出最適合你身材的搭配。

> 要想有健康紅潤的好臉色，除了飲食要正確、作息要正常外（請參閱生智文化事業出版，李邦彥著《食物是你最好的醫藥》一書），筆者強力推薦一款由加拿大公司**Pearlex Biocare**推出的保養品。它含有珍貴的珍珠粉及數種天然的藥材成分精煉而成，長期使用會使膚質看起來透明光潤又白嫩緊緻；相較於知名廠牌花費大量的預算在廣告上，營造貴族形象，**Pearlex Biocare**的產品價格非常平民化，且據聞他們的產品也即將在亞洲問市，在此預饗各位讀者。

> 要解決早上起床時的眼部浮腫，兩隻冰湯匙就馬上可以解決。做法：將兩隻金屬湯匙盛上少許碎冰，用湯匙背分別敷在雙眼1-2分鐘，即能迅速改善浮腫的泡泡眼，但此法不能同時淡化黑眼圈。除非化妝，否則是無法迅速隱藏黑眼圈的。要淡化黑眼圈得靠長期小心保養，讀者可將生馬鈴薯切片，直接貼在眼部2-3分鐘；由於馬鈴薯富含碳酸鉀，能迅速去浮腫、滋養眼部肌膚、並防止黑眼圈。

INTERVIEW

○各行各業比一比

　　每一家公司的背景，不盡相同，穿著方式，勢必也得調整因應。若是有管道可打聽到各公司的穿著文化，不妨了解一下，這會有助於你整體總評的加分，並且能顯示出你對於這份工作的認知性，讓你出奇制勝，第一關就能搶先一步，拔得頭籌！

以下列舉了數種行業的穿著文化，供
大家參考：

○金融業界、日商公司

　　銀行、金融業、日商公司等屬於較中規中舉、保守內斂的風格，講究的是精明幹練的專業人員，所以在款式的選擇上得較為謹慎，以款式簡單大方，顏色中性安靜，列為優先考慮。

○注重創意的傳播、廣告企業

　　講究創意無限的此類職場，適當的突顯出自己的特質是必要的。但是更得注意的是，既然是追求創意的公司，因此主試者的主觀意識也非同小可。太過突出，也有可能會得到反效果；因此拿捏的精準度，絕對影響甚大喔。

○程式設計師、電機人員

雖然同樣也是講究創意，但與其他行業相比下，顯得與一般人的互動關係較少。也就是說，他們是屬於比較獨立作業的一群，少有機會與客戶接觸。所以，一般的穿著以舒適、輕鬆、但不邋遢、隨便為主要原則（business casual wear）。

○保險、接待、業務、公關人員

這些行業都是極為重視與「人」的接觸，每天的工作就是要應對得體，解決可能發生的疑難。所以顏色款式太過侵略性的服裝，反而會阻礙到溝通的順暢性，最好避免。相反的，選擇溫和粉色無壓迫感的打扮，與臉上的微笑，讓人覺得親切、愉快，加上剪裁得宜的套裝，更能展現出自身的專業素養哦。

INTERVIEW

○門市零售業人員

這些行業的穿著比較不需要正式的西裝或套裝，有獨特的設計顯出個性、線條、有流行感的打扮才會令人留下深刻的印象。你不妨在面試前先打聽一下面試官的年紀，如果是年輕人，可以穿著帶點休閒風；如果是主管、經理級以上，還是選擇保守的穿著比較安全。

★面試必備要件一覽表　The Interview Check List

面試所需文件	面試所需小用品
□招聘廣告	□文具：筆記本，原子筆、鉛筆、
□2套備份履歷表 ＋ 自傳封面	橡皮擦，立可白，訂書機、迴紋針
□面試通知	□中英字典或翻譯機
□徵才廠商資料	□薄荷糖（不可嚼口香糖）/ □腔清潔劑
□照片	□梳子、鏡子
□身分證	□指甲刀
□工作證	□面紙
□其他有關證書文件	□手機，手錶（注意時間）

家門外即面試場

很多新鮮人在前往面試時，神經緊繃，加上穿了新買的套裝、西裝、皮鞋，擔心會碰壞弄髒了，所以一步步規規矩矩地走路；但在別人眼中，你走路的樣子、表情，一點都不自然，彆扭極了，這樣又如何能在主試者面前，展現優雅與自信呢？

所以請各位儘量把所有的彆扭和緊張，都留在家裡。記住，家門外即面試場，因為你不可能確定一路走來，你所碰到、接觸到的路人，不會碰巧就是你的主試者，或未來的上司、同事。一出了家門口，你就要抬頭挺胸，面帶微笑，展現朝氣、優雅、專業。

好不容易地到了會客室，作作深呼吸可助你消除緊張情緒，但別作的太明顯，讓人笑話。你也可以藉由觀賞掛畫或盆栽，來轉移注意力。若身旁也有其他的應徵者，你們可以小聲地互相交談一下，交流情報也無妨，畢竟未來都有可能是同事嘛。

糟糕，遲到了

對面試而言，及時到達就等於遲到。應徵者最少要提早十分鐘到達面試場，才能輕鬆地調息運氣，靜下心來面對主試者，而且還能觀察一下公司的情況。

如果時間緊迫，可以預見你絕對會遲到，那麼切記要打通電話給對方並先取得對方的諒解。有沒有打這通電話，絕對有差別；它代表著你的體貼、專業、還有歉意。

INTERVIEW

　　這通電話用中文講，你應該沒有問題；但若是用英文的話，你可以這麼說：

"Hi Mr. Chan. This is Sharon Wang. I have an 11a.m. interview today for the XX position. Unfortunately, I am stuck in the traffic (or my car has broken down on the road). I should be able to get there in 15 minutes if that's OK. I apologize for the inconvenience and I wanted to inform you as soon as possible."

　　如果你沒帶手機，人又卡在車陣，無法下車打公共電話；因為遲到所帶來的精神壓力，絕對會影響你的表現。面對著面試官的臭臉，最好的辦法就是衷心地道歉。既然事實已定，就別想些莫名的理由開脫自己。請對方給你一、二分鐘，喝杯水，調勻氣息，鎮定下來再開始，說不定面試官會看在你臨危不亂的份上，給你機會扳回一成。

　　為了避免發生這樣的尷尬慘劇，請大家儘量把面談的時間約在交通非尖峰時段。如果經濟許可的話，建議搭乘計程車，用金錢換取時間，也比較從容自在些。搭乘大眾交通工具者，請多預留些時間，以防萬一。

●早晨面談，錄取率最高

　　說到預約面談時間，古人說：「早起的鳥兒有蟲吃」，這話用在求職上，也是一樣準確。根據調查，求職者若是在早晨接受面試，被錄取的機會最高。

　　一家加拿大的臨時工仲介服務公司Accountemps，在2002年11月間對270位加拿大的公司主管進行訪查，以便瞭解在一天當中的

哪一個時段進行面談，最容易物色到理想的求職人選。

結果有73%的主管表示，上午9～11時之間，是面談效果最佳的時段，其次則有13%的主管認爲，最佳時段是在上午9時以前。

最糟的面談時段是上午11時到下午1時之間，和下午5時之後，二者都各只有1%的主管認爲面談效果最佳。次糟的時段是下午3～4時，只有4%的主管選擇它。另外有7%的主管認爲，下午1～3時之間最佳。

Accountemps公司董事長解釋說：「公司主管喜歡在開始一天的公務之前，安排面試應徵人員。經過許多會議和例行公務之後，下午他們的精力與注意力就無法像早晨那麼旺盛和專注了。」

面試者若覺得上午9時太早，可以選在最受歡迎時段的後半段，例如，上午10時30分。但不論約在何時，對面試者最重要的事是先確定地點以便提早到場，熟悉該公司的背景，說出自己在哪方面可爲公司做出貢獻。

3 資料來源參考自2003年2月10日之世界日報加西版。

面試開始前的注意事項

1. 面試當日應依慣例吃喝，若習慣平日早上來杯咖啡，那麼面談當日也應照例喝一杯，如此可使你處於顛峰狀態。不要空著肚子去面試，以免到時腹鳴如雷就糗大了。

2. 一進入辦公大樓後，就不要吸煙，以免一身菸臭味；也不要嚼口香糖，顯得輕佻。一路上，不論何處，凡任何與你有眼神接觸的人，都要向對方點頭微笑，或直接說聲：「你好」，不要害羞，因為這個（些）人很可能就是你的主試者，或未來的上司、同事。

3. 巧遇朋友、學長職員不要大聲喧譁或套交情。

4. 不要妨礙職員辦公。也就是說，你可以請教總機或其他員工一些合理、簡短的問題，但不可藉故搭訕或打屁，因為你無從得知他/她們跟老闆是否有親戚關係；而且事實上，有許多老闆/主試者在做決定前，會先參考身處第一線的總機小姐的意見。

5. 不要當眾補妝，去洗手間，順便上個廁所吧，免得到時想去又去不成。

6. 不論男女，等待面試時可以脫下西裝外套，放輕鬆一下；但面試時絕不要脫下西裝外套，以示莊重。

7.心情緊張的人，可以深呼吸，吃片薄荷糖，或者瀏覽會客室，藉由觀賞掛畫或盆栽，來轉移注意力。

8.與別人小聲地短暫交談，也可以紓解緊張和不安。

9.不要大聲講電話，最好關掉手機。

10.不管你是希望力求鎮定，或是已經胸有成竹，千萬不要翹起二郎腿，或雙手大開的看報紙，擺出一副老神在在的樣子。

11.向總機或其他員工借閱公司型錄—臨陣磨槍，不亮也光嘛！

面試陷阱與自保之道

　　經濟不景氣，一些待業已久或是新鮮人，由於缺乏社會經驗，和急於找到工作的心情，看在「詐騙集團」的眼裡，就像是一群新鮮待宰的肥羊，一但送上門，就恨不得連皮帶骨吞下去。

　　另外還有一些正常經營的公司，因為經濟不景氣，要開源節流，也會欺負新鮮人單純的心思，在面試或者是談工作條件的時候，要你簽下不合理的契約，剝奪你的權利，任他們魚肉。

那麼我們要如何自保，才能及時全身而退呢？

　1.張大眼睛看清所有要你簽名蓋章，與留下私人資料的文件。

　　大部分的公司都有一份自己制式的履歷表格，你要注意裡面是否會直接或間接地套問你的財務狀況、信用卡、經濟能力（即

你名下財產或儲蓄金額的範圍在哪裡），或要你<u>提供保證人資</u><u>料，並且這位保證人竟也負有相對的法律責任</u>，還有<u>提供證</u><u>件</u>。

在這部分，各位求職者一定要知道這些問題都不用提供（或不一定要老實回答），這是一種保護自己的方法。你一定要先瞭解這些東西是否有必要要提供給對方，有懷疑就帶回家再請教專家。如果對方不允許你帶走，大不了馬上打電話詢問勞委會。

如果這都不行，還在旁不斷的慫恿，給你壓力，你就要趕快閃人了。否則，一個不小心簽下去，你可能就自動放棄了你的法律訴訟權，還連累無辜的保證人。

另外，如果你還未能確定該公司是否合法正當，又不得不先填寫身分證字號的時候，你可以故意寫錯幾個號碼。如需繳交證件，就說「忘了帶」，或只能給影印本（影印本最少要寫「影本，XX公司用」等字橫跨其上，但不要遮住照片與證號）而不能給正本。牽涉到金錢時，沒有負債也要變成有負債。

2. 要求購買產品或繳交任何巧立名目的費用，像是「保證金」、「意外保險費」、「座談會費」、「材料費」、「簽約金」、「手續費」、「拍照費」……別信他們的保證X時退還，何況既然會退還，又何必多此一舉的要你先付錢呢？這些名目沒有一項是成立的。

如果對方死纏爛打的話，就說「身上沒帶那麼多的錢」。所以你

要切記，**絕不可攜帶提款卡或信用卡前往面試**，以免壞人有機可乘。

3.面試處在公司以外的地方，或於非一般正常上班時間面談。

照理說面試的場所都應該是在公司裡頭，如此才可證明該公司乃正常營運，而且也可以讓應徵者瞭解未來可能的工作環境。但有些心術不正的人，或詐騙集團會以「公司搬家」、「公司裝修」等理由約在公司以外的地方，或於非一般正常上班時間進行面試。

如果你發覺地址與官方登記的不符，或對方臨時通知你改變面試地點，你最好一就是這次先取消不去，待下次假裝路過，瞭解過環境後再赴約；二就是與友結伴同去，請他（們）在外面等，不要一塊兒進去。但這個（些）伴的人選，你可得先過濾一下，不是每個人都能當保鑣的。

4.強調隻身前往面試。不用多說了，馬上拒絕，列入黑名單，順便告知親朋好友，避免更多人受害。

5.要妳現場換穿他們的公司制服　小心針孔就在妳身邊。

6.聯絡電話是行動電話，沒有登記公司電話。

7.沒有公開的公司招牌，也無張貼各類的登記證書。

8.沒有管理員，或是家庭式的辦公室，都不要貿然前往。

9. 相信自己的直覺，一感覺不對，立即以「內急，要上廁所」、「到外頭接一下手機」、「有人在外面等」……為藉口，馬上離開現場。

以上是可以在面試時當場發現的陷阱，你還有機會及時走人，沒有損失算幸運的。有些雇主是待新人就職數日後，才以（半）強迫性地與其「商討」減薪或降職的可能性；或請人來上兩天班，弄好了一堆的報告文件，也寫好了企劃案，才對新人說上這兩天班，其實是來給公司試用的（他們會砌詞說是 ˝try out˝ 不是 ˝probation˝ 哦；因為probation一般泛指為長達數月的試用期，絕對逃不了要給薪的），因「不適任」，必須請對方離職，並且因為時間不長，「當然」不給薪。

這時新鮮人或社會資歷尚淺的「好心人」，因不敢據理力爭，或不想與人計較，加上也不懂勞基法保障所有勞工，不論適不適任，就算只有工作一日，雇主都必須付薪的規定；就這麼傷心的接受這殘酷的事實，傻傻的幫人做兩天的白工。

（筆者註：只要任職1天以上，即要給付薪資，可參考勞基法及勞基法施行細則第3章有關「工資」的規定！請參考勞動基準法網站 http://www.labor.net.tw/）

各位讀者要切記，千萬不要自動放棄你的權益，也不要以為只有小公司才可能會如此，知名的大企業會顧形象，其實正好相反。根據筆者的親身了解，做這些缺德的事情的都是有模有樣的大公司，態度囂張地看準新人吃了悶虧不敢吭聲，也決不敢得罪大企業的謙卑心態，任他們魚肉、擺佈。

　　在北美，當資方決定要錄用你時，會準備一份制式的「聘書」（〝Letter of Offering〞 or 〝Employment Agreement〞），列明於面談時雙方已談妥定案之職稱等級、工作內容、工時、與薪資福利條件等項，雙方同意簽名後，應聘者才來報到就職。

　　在台灣很少，幾乎沒有公司會這樣做，一切只憑口頭信用，應徵者唯有與面試官口頭上重複確認所有的薪資條件，並請面試官寫在公司的面試資料上，當然自己也不能偷懶，你也要當場記在你的筆記簿上才行。雖然如此作用不大，但不管對方會不會守信，起碼自己已做了該做的部分了。

INTERVIEW

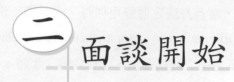

筆試與面試

　　一般的面試關卡包括了筆試和面談。筆試要注意的事項很簡單：

1. 不要交頭接耳，免得讓人誤會你在跟鄰座交換答案作弊，有問題就請教工作人員。

2. 字跡端正，試卷要保持整潔，不要有太多塗塗改改的痕跡。

3. 不要大刺刺的伸手接考卷，或大手一揮交卷，要禮貌地向工作人員微微的點頭道謝。

4. 在試卷的空白處簡短地寫上你的感言，例如，「很榮幸參加貴公司的徵試，今後我會更努力學習，謝謝各位。」

　　相較於筆試，面試要注意的事情就比較多了，包括：談吐、應對進退、肢體語言、隨機應變的能力等都要留心，馬虎不得。筆者現在就以這幾大項加以整理，請各位讀者仔細看：

謹言慎行，謀定而後動

古人有云「非禮勿言」，「三思而後行」；以下事項是面談的17個大忌，說了或做了就會讓面試官留下不好的印象哦：

1. 沒敲門就直接開門進去，結果面試官在挖鼻屎，或剛放了個響屁……

2. 直呼面試官姓名，也沒有稱呼其職銜。

3. 大刺刺的自動一屁股坐下。

   有些面試官為了測試應試者的禮儀風度，在應試者被接待到面談辦公室後，故意先不招呼應試者，假裝他還在看公文，其實是在觀察你的反應，會不會有不耐煩的表現。

   這種情況下，你一定要等主試者示意你坐的時候……等等，先別急著坐下，站著和對方握手寒暄，自報姓名後才坐，同時還別忘了說聲謝謝。

   （請參考本書：獨門秘技之如何不著痕跡地加強主試者對你的印象）

4. 造假履歷，或搶別人的功勞。

   是不是真才實料，面試時面試官一問，就可以看出你有沒有誇大吹牛。之前的工作是遭解雇還是自己離職，薪資有沒有灌水，面試官打幾個電話一問（reference check），也會查個水落

石出。其實這年頭因為不景氣，企業併購或是倒閉的公司太多了，被裁員也沒什麼好覺得丟臉的，你可以直言無妨。

面試的目的就是要勞資雙方認清彼此，才能共同創造出最佳的工作環境。不要自欺欺人，一個謊言是要用十個，甚至百個其它的謊言來填的。

5.真人不比仲介說的好，或表現的太好。

如果這次的面試是仲介得來的，那麼你的表現不可以和你給人力顧問的印象相差十萬八千里。

仲介公司是資方付錢請的中間人，他們會先向資方呈遞你的資料，當然也包括對你的印象。所以，一般來說，你只能表現的好過對方印象中的你。但也可能會有例外。

比如說，如果你給人力顧問的印象是穩重大方，那麼到你真正與心儀已久的大企業面試時，別太急於表現，能力超強，而讓人感覺你是個很積極，甚至有野心的人，那麼就跟資方要求穩重大方的條件差太多，只好跟你說「很高興認識你，下次有機會我們再合作」。

另外還有一種可能性就是，有的主管心胸狹窄，容不得比他優秀的人才進公司，怕養虎為患。只有老闆才不會介意用較低，甚至是entry-level的價錢，請到一位能幹、有潛力的儲備幹部。

6.牛頭不對馬嘴。

面試時不能集中精神，考官問東你答西，態度散漫，無焦點開

扯淡,這些態度都是不可原諒的。

回答問題時要用肯定的字眼,有信心的語氣,態度大方從容。避免使用含糊其詞、模擬兩可的字句,像是「好像」、「大概」、「我想是」、「應該」⋯⋯。

如果你只是因為問題太難,不知如何作答,或沒聽清楚問題,你可以據實以告,不要自作聰明的亂說一通。

你可以說「對不起,我沒聽清楚」,或「對不起,我不懂您的意思,可以請您舉個例子嗎?」。只要不是麻煩對方太多次,沒有人會懷疑你是不是才剛睡醒的。

7. 數落前任老闆,說同事壞話。

不管是受了多大的委屈,或是為了什麼原因離開前任公司,在可能成為現任的主管面前,請保持你的君子風度,不要口出惡言。可憐兮兮的扮演弱者,不但不會為你贏得同情,對方反而還會質疑你,為何會讓事情落到這步田地。

職場如戰場,迫害忠良,時有所聞,但若是你不能放下過去,不但顯得你器量狹小,眼光不會往前看,更讓對方認定你是個不斷回頭,活在悔恨中的人。

如果面試官一定要追問原因,那麼就請以正面、開朗的語氣,輕描淡寫的說你離開原公司,是為了迎向更好、更大的挑戰,不要滔滔不絕地道出你受迫害的始末。

這部分你一定要事先花點心思來包裝一下你的說辭,讓人聽來

合情合理，切不可激動地義憤填膺、冷嘲熱諷，或語帶不屑。因為在你完美的履歷表中，還可能誇過這家公司，那麼你豈非自打耳光；而且還難保他們是否彼此認識。

8.向面試官抱怨面試環境，或面露不悅。

有的應徵者為了表現他很觀察入微、主動向公司「建議」一些需要改善的人、事、物。

像是空調開不夠大，太熱會心浮氣躁，害你筆試成績不理想；空氣不好會生病；總機剛才講很久的私人電話，態度傲慢，讓客人等太久（基於上門是客的精神，他其實是在說自己）；職員穿拖鞋影響公司形象等等。

雖然出發點是好意的，但你是來求職的，又是初見面，你所謂的好意，聽在主管的耳朵裡，都是負面的，人家可是會有「你嫌就別來呀？！」的感覺的喔。

9.高分貝的語調或誇張的手勢－你不是來找人吵架或打架的吧？！

10.亂拍馬屁，做應聲蟲，偽裝本性

讚美是要看場合的，尤其是在面試這種敏感的時刻，會很容易遭到誤解的。隨意附和主試者的論點，像在亂拍馬屁，同時也顯得你太沒個性。

若是真心誠意的欣賞其人，你可以在結束時說「謝謝您的指教，今天的談話真是讓我獲益良多，希望以後能有多些機會跟

您請益」。

但記住，這種話只能說一兩次而已，對方會認為你很客氣，知書達禮。說的多了，不但孺子不可教也，還反而會不齒於你狗腿的行徑呢。

11. 過於文靜或多嘴多舌

有一些人生來就是沉默寡言，說話力求簡單扼要，即使處於求職面談的場合，依舊是問三句，回一句，這樣冷漠的態度像是在暗示對方：「一切不是都寫在履歷表了嗎？ 何必多此一問？」遇到這種面試者，面試官大概都只想問：「你今天來參加面試的目的是什麼？」

其實你可能只是想表現的謙虛一點，所以決定靜觀其變，但對方會認為你很被動、木訥，幹嘛請個機器人回來，叫一下動一下，太累了。更糟糕的是，反而被人誤認為你沒有料，腦袋空空，那豈不冤枉？！

但你也別過於反其道而行，說太多話會讓人覺得聒噪，資方會想千萬不能請個長舌之人來公司，發表太多的意見也讓人覺得你很難搞，尤其是得意忘形到連外界傳聞的負面小道消息，也一口氣全說了。 所以當人家問你意見的時候才說話，也不要胡亂插嘴，適時切入要點的回答就好了。

也有些主管秉著「男女有別」之論，主張女性面試時應儘量矜持點兒，少說話，微低著頭，保持溫柔的形象才好；而男性面試者則應儘量表現自我，以示其積極進取的態度。所以該表現

活潑或文靜，是因人而異的，考驗面試者的臨場反應能力。

12. 當面排斥面試官的論調，甚至直指其錯誤之處。唉，如果你那麼聰明能幹，幹嘛不回家吃自己？就算「道不同，不相為謀」，持相反意見又不犯法，況且你可能還未曾親身做過這件事，在這方面對方可能還比你有經驗呢？！

13. 亂瞄或偷窺面試官桌上的文件—別讓面試官以為你是商業間諜。

14. 面試時頻頻看錶或打哈欠。這會顯得你不專心，迫不及待地想盡早結束面談。

15. 狐假虎威，亂拉關係，自抬身價。

因為名牌效應，自報些大人物的名號，是有可能會增加你成功的機會啦。但有些應徵者為了證明他不是亂哈拉，表示只要有他的介紹，就可享有優待，那麼這豈不讓人以為你在賄賂？

所以不要大書特書，刻意吹噓。若是真有些淵源，一封推薦信函總好過空口白話吧？！

16. 明知力有未逮，卻不據實以告。

例如，明明就是會暈車暈船，怕坐飛機，卻答應對方可以配合出差；三腳貓的日文程度，卻說成能操流利日語；由於家累，非趕在六點下班不可，卻誆稱可配合加班。如果這些先決條件都要騙人的話，下場會是累人累己，浪費彼此的時間，還賠上自己的名聲。

17. 這份工作只當備胎。

就算這份工作不是你的第一志願，也不可表現出興趣低落，本人今日純粹是來實習考察的樣子。萬一面試官也覺得你不適合他們，但看在你談吐有禮，又很尊重他，說不定會主動介紹另一個機會給你呢！

解析面試官的肢體語言

除非你的面試官是個鐵面機器人，否則從他的一些肢體小動作，應該可以多少透露些玄機，猜測他到底對你的印象好不好。

所謂「印象」，是指當自己看著別人時，對方的談吐、行為、態度、神情、肢體動作、穿著打扮、信仰理念等整體結合而成的溝通力量，有沒有強烈的深植於自己的腦海中。如果這股溝通力量的大部分，你都能認同或覺得與己相似，那麼對方給你的印象就是好的，反之亦然。

這股溝通力量中由言行、穿著搭配、信仰理念而組成的無形因素，都由面試官的主觀意識所操控；而神情和肢體動作，卻是隱藏在潛意識當中的，所以才能真實地反映出內心的想法。

那麼我們到底要如何解讀主試者的肢體語言，才能適時調整策略，反敗為勝呢？

1.「他到底有沒有認真在聽啊？」

動作一：面試官的上半身略往前傾，目光一直都集中在你身上，雙手自然地置於桌面或大腿上，重心置於兩腳尖並靠著椅腳。

動作二：面試官的頭往一方傾斜，但目光還是在你身上，雙手雙腳靜止或循環地動作。

如果面試官一直維持著動作一或動作二，表示他在思考分析你說話的內容。這時你要把握機會，好好的自我宣傳表現一下。一旦面試官的姿勢有變，就表示他思考分析完畢，或是已經有他的看法見解了，也就是說他很可能已不再對此話題有興趣了。

2.「我是否已經引起了他的興趣了呢？」

動作一：面試官的表情呆滯，笑容僵硬，玩弄雙手，變化雙腳的位置，或兩腿重疊抖動。表示主試者心不在焉。

動作二：面試官的眼神閃爍，背往後靠，頭向後仰，搔頭皮，或雙手放在腦後，雙腳僵硬。這是逃避的訊息，表示主試者不想再聽下去了；也有可能是他對你沒有好感與信任。

3.「他是否同意我的觀點呢？」

動作一：面試官的手不時的撫摸下巴，目光帶著微笑看著你，還會微微地點頭。

動作二：面試官的眼神中帶著鼓勵，身體往前傾，男士雙腿呈張開或外八，女士交叉翹腳，抬頭托腮或撫面，有時也會微微地點頭。

INTERVIEW

4.「他對我起反感了嗎？」

動作一：面試官面無表情，兩眼瞪著
你，微蹙雙眉，雙手交叉抱拳於胸，或
一隻手橫於胸前，令一隻手的食指靠
頰，大拇指頂著下巴，剩下三隻手指蓋
著嘴巴，背往後靠，雙腿張開或交叉翹
腳。

這個動作表示他不喜歡你說話的內容或
方式，這時你就要換個話題，再不然就得改變你說話的方式。

動作二：面試官的頭斜向一旁並微微地朝
下，嘴唇線條僵硬，眉毛上揚，眼露不屑
（因為是斜眼看著地上），可能會伴隨搔
癢，揉眼的動作。

這個動作表示他已經不信任你了，他這時
可能在想「你這乳臭未乾的小子，吹牛也
不打草稿，居然敢在關公面前耍大刀？」。
所以不要再吹捧自己有多厲害了，趕快講
一些實際的內容，若能於此時提出資料或
證明就更好了。

動作三：面試官放鬆身體線條，背往後靠，雙手放在腦後，目光游移。

這個姿勢表示他自己本身是個自以為是，自視甚高的人。所以他很可能會問一些難度較高的問題來刁難應徵者。同時這也暗示了應徵者「你的答案都在我的意料之中」、「不要再說了，我已經聽夠了」。所以這時，你最好趕快煞車，別再說下去了，還是乖乖地等面試官的下一個問題吧。

別讓小動作出賣了你

分析完了面試官的肢體語言，那麼你自己的小動作會不會也出賣了你呢？

✕ 姑且不論你是否很緊張，緊繃的肌肉線條，會讓人明顯的感覺到你的武裝防備而產生距離感。所以請盡可能面帶微笑，放鬆臉部表情。可以在進入面試前，先做深呼吸，以減少心情的緊張。

✕ 握手寒暄時，你的手是多汗或冰涼的。

✕ 不斷地變換雙腳的位置，或跺腳，玩弄雙手、紙巾，或擺弄紙張，摸鼻子等，這些都是緊張的訊號。

✕ 緊張時的搓手、握拳、抓著物品，或習慣性的轉筆、抓頭、敲桌子，太有自信時的彈手指、食指都是要避免的動作。

✕ 過分的笑容，顯露你渴望被接受的心理，而顯得諂媚。

✕ 不敢正視面試官的你，顯得沒信心。

✕ 過於緊張，導致音調發抖、失真、甚至結巴。

✕ 回答問題時，眼神飄向斜上方，逃避面試官的目光，或不自覺的以手掩嘴，或是搔頭，玩手，代表你在說謊。

✕ 雙臂交叉，帶有很濃的防衛意識。

✕ 一直聳肩扭軀，不夠穩重；或縮肩垂胸，委靡不振，沒信心

✕ 翹著二郎腿，身體微側坐，一隻手臂隨意搭在椅子扶手上，另一隻手隨著言談作著誇張的手勢。這個姿勢是很放鬆，但也太輕鬆了，顯得你驕傲，自我優越感太重。

✕ 玩弄手指，看手錶，打哈欠。

✕ 大打噴嚏，用力清喉嚨，擤鼻涕，吐痰。

　　筆者在本書中一直不斷地強調，就算是新鮮人，也要表現專業。那麼怎麼樣的動作才能顯得出專業與自信呢？

Ⓥ 兩肩平穩，抬頭挺胸。

Ⓥ 開朗的笑容。

Ⓥ 握手寒暄時，你的手是乾且溫暖的。

Ⓥ 音調自然、鎮定。

Ⓥ 用坦然的目光與面試官交流。面試官最注意看的是應徵者的雙眼，所以平日請模擬面試的各種情況，練習從容不迫的眼神。

Ⓥ 作一些解釋性的簡單手勢，表明放鬆的大腦思維。

Ⓥ 雙腿放鬆。

Ⓥ 對於面試官的說明，不時回以領悟的點頭。如果有不懂的地方，可以說：「您的意思是不是指……？」或者「對不起，我不太瞭解您的意思，麻煩再說明一下好嗎？」。回答問題前最好先思考一下，停頓幾秒無妨，最重要的是做出適當的答覆。

Ⓥ 面談結束後，向面試官行禮致意，

　　並謝謝該公司給你面試的機會，然後輕輕將門扣上離去。

隨機應變的能力

◯集體面試

　　許多企業因為考慮到人的主觀性，大都會在第一或第二次面談時，採用集體面試的方式。

　　所謂集體面試是指由一位以上的面試官，同時出席對應徵者（們）的考察。這種方式，可以避免個別面試官的偏頗主觀，經由綜合全部面試官的結論，對應徵者產生較客觀公正的評價。

　　因為各個面試官的專業領域不同，他們各自有一塊負責提問的範圍。所以當應徵者突然看到這個陣仗，因為沒有事先的心理準備，就得要同時揣摩各個面試官的喜好，這時很多新鮮人就會先心生膽怯，陣腳大亂了。

　　其實目前很多公司，在徵求儲備幹部、副理、經理等以上的職位時，都採用集體面試了。所以各位求職者，要先有心理準備面對集體面試的挑戰；那麼要如何準備呢？

1. 注意禮貌。進場面對各個面試官時，最好能夠逐一趨前握手致意。若辦不到的話，至少要以眼神逐一掃過，同時配合微微地鞠躬或點頭打招呼。

2. 以現場的環境或自身的特徵，大聲地以一句幽默或與眾不同的自我介紹作開場白，再連結出你的特質或應徵動機等。

因為現場有一群應徵者與你一同做集體面試，之前準備的一分鐘自我介紹稿就可能不適用了；你得另花心思想幾句與眾不同的開場白，好好的把握這短短的15秒，儘量讓自己脫穎而出。

例如你的眼角有顆痣，你可以說你可不是個愛哭鬼，個性堅強，抗壓性高；少年白頭者可說你為人勤奮認真；大嘴大鼻者可以說你面相好，做人不會倒⋯⋯之類的話。

遇到尷尬的情況，可以幽默地說：「我是xxx，剛才我的眼鏡掉了，這就表示我不會再落第（落地）了。 我就是個能時時反向思考，樂觀向上的人。」

3. 確實瞭解這份工作的要求條件。

不管有多少的面試官在場，問多少條問題，繞多大圈子⋯⋯，最終結果就是要選出最適工的人才。所以只要抓住「最適工性」的大原則來發揮，你就不會腦袋一片空白了。

4. 迅速分辨主面試官。

說的通俗些，就是「擒賊先擒王」的道理。判斷誰是主面試官，不能單從衣著好壞，誰問的多來判斷。有些主面試官更是會選擇低調地從頭到尾，冷眼旁觀、不發一語。

要做出正確的判斷，可以從以下幾方面著手：

 你剛進場時，大家都是等誰先坐下才跟著坐的，或是發令叫大家坐下的？

● 座位的次序，極有可能由位高權重者居中間的位子。

● 各個面試官在交換意見時，一定會互相咬耳朵。留意一下他們的耳語流傳是向著哪個人，那麼這個人必然就是主考官。

● 同樣的道理，你也可以觀察各個面試官，是否都有意無意地，把目光投向某個人，等待對方的暗示，再進行下一步；這個人必然就是主考官無疑。

5. 重視每一位面試官。你的眼光必須時時照顧到他們每一位，有人提問時，你的眼光一定是只在他身上，但回答問題時，你的眼光就要不斷地來回掃視全場，表示你很重視每一位面試官。

6. 發掘可能的同志。別想歪了，此同志非彼同志。意思是在眾多的面試官中，找一兩位與你格調相似的面試官，先從他／她的身上突破。

相似的地方可以是年齡、氣質、性別（例如，可能全場只有你跟她是女性）、經歷、性格、愛好、地域（彼此是同鄉）、感情（家庭背景相似）等等，由此著手，盡量博得其好感，化被動為主動。

例如，你可以看著對方說「您應該瞭解……」、「您知道……」，無形中吸收對方與你站在同一陣線，在最後表決時，她／他的話，對於面試結果可能會起舉足輕重的作用。

7. 小心暗箭。前面筆者有提到，有些面試官會從頭到尾，冷眼旁觀，不發一語的觀察你。這種由背後射來兩道陰冷目光的人，是最喜歡放大應徵者的一言一行，一舉一動的了。

假如你的表現良好，讓人無可挑剔，也就罷了。若不幸這個人的主觀意識頗強，你又被對方抓到某個無意識的小動作，來大作文章，證明你有某方面的缺點；然後在表決時，權威地說服其他的面試官「據我暗中觀察的結果……」、「我是旁觀者清……」，說的有憑有據，一副「你們聽我的準沒錯」的樣子。事實上，他說的話也的確有可能會「一語定江山」的哦。

但各位求職者別害怕，只要多練習幾次（和朋友家人排練，用錄音／影機反覆聽／看檢討），確定你能夠自始至終保持斯文有禮、不卑不亢，大方得體的言談舉止；把面試當成是與一群年齡稍長的陌生人談一樁買賣，不要患得患失，過於害怕無法得到這份工作；抱著這個心態，根本不用擔心什麼冷箭不冷箭的。

○情景模擬面試

有些企業在面試時，根據應徵者可能擔任的職務，編制一套與該職務實際情況相倣的測試項目，將被測試者安排在模擬的、逼眞的工作環境中，要求被試者處理可能出現的各種問題，以測試其心理素質，觀察應徵者的領導能力和慾望、組織能力、主動性、口頭表達能力、自信程度、溝通能力、人際交往能力等。

　　他們還把情景模擬推廣到對技術操作員的選拔上，如透過由運輸帶傳來的零件進行組裝實習，評估應徵者的動作靈巧性、質量意識、操作的條理性及行為習慣；如此一來，孰優孰劣，涇渭分明。

◯ 不知如何作答

　　只有兩個字──「鎮定」。你可以一面以謹慎且拖長的語調說：「嗯，這個問題問的好……，這個問題很難回答……」；總之別說請對方給你一分鐘時間思考之類的話，或模擬兩可的回答。如前文所述，你可以禮貌地對面試官說：「對不起，我不太瞭解您的意思，麻煩再說明一下或舉個例子好嗎？」。

◯ 叫錯名字

　　萬一不幸你叫錯面試官的名字，必須馬上更正，例如：

　　　「陳先生，非常對不起我叫錯您的名字。實在是因為今天我有幸接觸了好幾位大人物，我把其中一位想成是您陳先生了，真是非常對不起。」

　　　"Mr. Chan, I'm sorry. I've met so many great people today, and I'm trying to put names with all the faces. Mr. Chan, I apologize."

　　在致歉詞中重複對方的名字是必須的，如此可以令對方相信你不會再叫錯他的名字。

　　若相反地是面試官叫錯你的名字時，請等對方把話說完再禮貌地更正。弄錯名字就好比弄錯生意一樣，一定要即時更正。

◯挑剔你的資格

若你真的資格不符，技不如人，此時你可轉為強調你的另類技巧
（soft skills），並各自舉例之。例如：

> I am a problem solver......疑難雜症終結......
>
> I am a communicator......溝通高手......
>
> I can work under pressure, (give examples)...抗壓性高......
>
> I am a multi-tasker......多功能員工......
>
> I am well-organized......處事井然有序......

◯尷尬話題怎麼接？

◯無法自圓其說

如果你故意在履歷表上作假而受到質疑，你可以直接承認是筆
誤之過，即可淡化誤解危機。

但是萬一面試官有注意到，你的履歷表上，有一段的空白時間
差距，而你不想坦白地說「對，我在這九個月當中，沒有半個工作
機會」；在這尷尬的時刻，該怎麼辦呢？

你可以用另一種角度來詮釋那段期間，例如，90-91年你去了
旅行遊學；或者儘可能以「推拉因素」（push and pull factors），帶
出「強調利益」的說法，報喜不報憂的方式來填補這段空白，絕不
可以含糊其詞。

　　所謂「推拉因素」是指有哪些原因，將你推出或拉出一種角色或工作崗位，促使你尋求另一種角色或工作崗位。意思就是說，想一些正面而且有助於提升勞資雙方需求的理由，來回答這類快要穿幫的尷尬問題。例如：

　　「畢業後，不想像別的同學一樣，看先找到什麼工作，就隨便地當作是自己的志業。但一時之間，又未能找到合適的方向，於是花費了一段時間，全面總結自己的長短處，同時也透過各種資訊管道，瞭解各個我可能服務的行業的機會與風險。其實我曾有幾次的就業機會，但都放棄了，因此才有九個月的空檔。好在由於我的堅持⋯⋯」

　　「就像古人說的：讀萬卷書不如行萬里路。其實這個世界，越來越沒有國界之分了。尤其中國大陸會成為未來亞洲、甚至世界的主要市場。我想去大陸看看，增廣見聞，就籌劃了一次到北京的工作旅遊。在當地親戚開的公司學習了大半年⋯⋯」

　　那麼如果你在很短的時間內換了很多工作，又該怎麼辦呢？為了減少你不牢靠的形象，你可以在履歷表上把類似的工作併在一起寫，於面談時強調你在此領域有數年的經驗，而不是在哪些公司待過多久。例如：87～90年，在A、B、C等公司擔任廣告AE；90-92年，在X、Y、Z擔任行銷企劃。

○忽然天外飛來一筆

1. 帶有性色彩的話題。沒辦法，有些人好像就非得開幾句黃腔不可似的。只要不是太過分的猥褻、下流，建議你為了前途而裝傻，當個笑話，並且馬上技巧的找另一個話題跳過去。例如，「咦？對不起，剛剛我漏了補充……」。

2. 對方突然話鋒一轉，批評起你的論點。你雖然也不同意他的話，但仍可禮貌的回答「您是這樣認為的嗎？我之前從未朝這個方向想過，感謝您今天為我示範了另一種的思考方向。」

3. 對你有人身攻擊的言論。一見到你，就以你的外表做批評。像是：「哇，你臉色怎麼這麼難看」，「本人跟照片有些距離呦」，「處女座的人最討厭了」，「你長得很像ET耶」……

   在不明白對方的真正用意前，千萬別表錯情。用「謝謝您的關心」、「這我倒是第一次聽到」順利地反擊回去，然後馬上先發制人轉移話題，先聊聊一些軟性的題目，像：「你們辦公室的裝潢好現代化喔」、「你們好像女性員工比較多，都是美女耶」，再切入要點。

4. 與工作無關，奇怪的問題：「你有沒有男（女）朋友啊……？」，「你會不會打麻將、喝酒啊？」，「最近有沒有看過哪些書？」，「你最欣賞哪位名人？」，「昨天球賽的結果如何？」、「如何運用一筆意外之財？」、「你是哪一黨

的？」

雖然怪，但你可以據實以告。可能對方只是想得知你的另一面，或考驗你的幽默誠實度，看看你是不是一個嚴肅、不苟言笑的人吧？所以你可以視情況，決定該不該以輕鬆有趣的態度回答這類奇怪的問題；或許有的老闆會喜歡你怪怪的回答呢！

5. 面試上司。中國傳統的習俗是上司與下屬界線分明，上司很少留意下屬的觀點，但台灣的宏基電腦創辦人施振榮先生卻開創了一個「以下試上」的做法—即在招聘員工時，允許下屬面試上司。

這個做法雖然少見，但對勞資雙方來說的確是高招，因為允許應徵者面試上司，顯示資方滿意你的表現，也給你機會關心自己的未來上司，加強你對該企業的興趣。

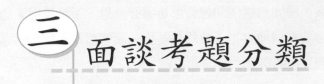

三 面談考題分類

　　所謂知己知彼，才能百戰百勝。一般的面試題目其實都滿固定的，而最實際的方法就是先把他們分門別類，抓住了大標題後，就可以循著方向分別陳述或集中運用了。

面試最常出現的考題不外乎以下這五大類：

1. **一分鐘的自白**，中英文都要準備喔！

2. **你的特質**，根據你的自白補充一下細節，只要四到六個就夠了。如果你太過於自我宣傳，反而顯得造假喔！

3. **你的個人成就**，根據你的履歷和自白補充一下細節。同樣只要挑幾項重要的講，當然資歷越深者，就越要在此好好表現一下。

4. **求職與離職原因**，是根據前面的二、三點來解釋的。要注意，這部分的焦點是在求職，就是你為什麼要來應徵這份工作，或是你憑什麼認為你可以勝任。至於你的離職原因，除非對方問起，否則不要主動提起。（請參考：謹言慎行，謀定而後動）

5. **未來規劃、期許**，包括個人與工作。這個問題，有的主試官會要求應徵者分短（一至三年）、中（三至五年）、長期（五年以上），三個部分來回答。

INTERVIEW

很多人被問到這個問題時都會不好意思，不是說從未想過，就是振振有詞地說：「我終日忙碌，事情都做不完了，哪還有時間想以後的事？」。

如果你的答案是前者，你可以依據自己的**專業技能、性向、未來的潮流趨勢**，這三個要素來勾勒一個輪廓。就算在面試之前都還沒想到一個完整的規劃，你也可以依此輪廓、腹案來跟主試者討論請教，總好過說「不知道，沒想過吧」？！

如果你的答案是後者，主試者應該會不滿意你的管理生活態度。因為從管理學的角度來講，不管有多少事情，都可以分為兩類：急迫的和重要的。許多人不成功是因為他們把大部分的時間都花在處理眼前的大量急迫的事情上，而沒有時間去做重要的事情。你不妨只用20%的時間去處理眼前的那些急迫的事情，80%做重要的事情；這就是管理學上的二八法則。

職業生涯設計是由**審視自我、確立目標、生涯策略、生涯評估**四個環節而組成的。首先，有效的職業生涯設計，必須建立在充分且正確地認識自身的條件與相關環境的基礎上進行。對自我及環境的瞭解越透徹，越能做好職業生涯設計。

其次，有效的生涯設計需要有切實可行的目標，以排除不必要的猶豫和干擾，可以全心致力於目標的實現。如果沒有切實可行的目標作驅動力的話，人們是很容易對現狀妥協的。

第三，有效的生涯設計需要有確實能夠執行的生涯策略，這些具體且可行性較強的行動方案會幫助你一步一步走向成功，實現目標。

最後，有效的生涯設計還要不斷地反省修正生涯目標，反省策略方案是否恰當，以能適應環境的改變，同時可以作為下輪生涯設計的參考依據。

請記住，沒有人會花錢請渾渾噩噩，生活態度散漫的員工，制定一個數年後能讓自己受益的規劃，如此對方才不會認為你已經是個成年人了，怎麼還在打迷糊仗，這樣如何能委以重任？！

回答問題的原則

Ⓥ 試圖瞭解「問題背後的問題」，瞭解公司的觀點與需要，而非自吹自擂。

Ⓥ 強調你的能力和工作／職位本身的關係，你如何能協助公司達成目標。

Ⓥ 反應快速而誠實的回答所有的問題。

Ⓥ 儘量用動詞與充滿自信的語彙。

Ⓥ 描述你過去工作上的實際成就，而非工作內容。

Ⓥ 如果不明白面試的問題，應請求說明再回答。

Ⓥ 當你被問到一個很大的問題，例如，「談談你自己吧？」回答的內容可著重在自己的KSA（knowledge, skills, and abilities;知識、技巧、能力）。

INTERVIEW

Ⅴ 直視主考官或問問題的人，很多企業主管很重視「眼光接觸」（eye contact），從你的眼神看出你是否有自信、誠懇。

常見的面試問題與其背後的涵義

1. 為什麼你想來本公司工作？

   背後的涵義：探測應徵者對應徵公司是否瞭解。

2. 本公司有哪方面你認為很不錯的？

   背後的涵義：瞭解應徵者是否瞭解所欲應徵的公司，及其營業目標。

3. 你認為你會喜歡這個職位嗎？

   背後的涵義：瞭解應徵者是否研究過所欲應徵的公司。

4. 為什麼你認為你是個值得雇用的人選呢？

   背後的涵義：讓應徵者說明其工作能力。

5. 在你的前一個職位中，你最不能勝任的是什麼？

   背後的涵義：瞭解應徵者對工作環境的適應能力。

6. 請講一些你所從事行業的事情？

   背後的涵義：這是瞭解應徵者所從事行業方面的經歷的標準問題。

7. 你目前所擔任職位的責任為何？

   背後的涵義：瞭解應徵者的組織思想能力，而且能夠瞭解應徵者對於新職位可能的適應狀況。

8. 你個性上最大的優點是什麼？

   背後的涵義：探詢應徵者的人格。

9. 你認為你最大的長處是什麼？

   背後的涵義：瞭解應徵者的才幹，以及他是否是「吹牛老爹」。

10. 你認為你有哪些缺點？

    背後的涵義：瞭解應徵者能否坦承的自我批評。

11. 為什麼你要離開你以前的工作？

    背後的涵義：瞭解應徵者是否與人不易相處，此時，面試官會注意你是否有不安或憤怒的表示。

12. 你最感興趣的職位是什麼？

    背後的涵義：瞭解應徵者在職業上的主要目標。

13. 如果你現在就要上任新職位，你要用和以前怎樣不同的方法來做呢？

    背後的涵義：瞭解應徵者如何在新工作上表現。

14. 你所處理過最困難的事是什麼？處理後最讓你滿意的又是什

麼？

背後的涵義：瞭解應徵者所可能獲致的最高成就。

15. 在大學時你最喜歡的科目是什麼？

背後的涵義：由大學所學的一些科目略可看出應徵者的基本個性。

16. 你是否經常從事旅遊或戶外活動？

背後的涵義：瞭解應徵者是否是活力充沛的人。

17. 你是否願意接受需要經常旅行的工作？

背後的涵義：瞭解應徵者的活力與精力。

18. 你能為本公司提供哪些建議？

背後的涵義：想得到一些有價值的答案。

19. 在作為主管人選方面，你認為你具有哪些優點？

背後的涵義：此為瞭解人格方面的好問題。

20. 到目前為止，你總共收到多少張違反交通規則的罰單？

背後的涵義：此問題看似與面試主題風馬牛不相及，但是它可以瞭解應試者的責任感。

21. 在銷售本公司的產品方面，你個人有比較好的方法嗎？

背後的涵義：瞭解應徵者是否擁有好的創意。

22.你以前擔任過的工作中，曾在作業方式或員工士氣方面

提供過一些改善的建議嗎？

背後的涵義：瞭解應試者的貢獻能力。

23.你認為最好的主管應是怎樣的人？而最壞的主管又是如何？

背後的涵義：可以瞭解應試者適應工作環境的能力。

24.你認為管理者應如何使推銷員發揮最大的潛力？

背後的涵義：瞭解應徵者是否具有好的創意，如果應徵者是個有創造力的人，就算他不是強力推銷員，但在銷售方面也會有好點子。

25.請告訴我一個你經常對人提起的故事？

背後的涵義：此一問題看似有點偏離面談的主題，但是它能使面談官得到很大的收穫，因為從此問題的回答能夠瞭解應徵者是否能與他人維持友善與和諧關係，甚至能夠瞭解應徵者是否能與他人維持友善與和諧關係，甚至可以瞭解應徵者是否具有幽默感。

26.你喜歡看哪一方面的書？

背後的涵義：瞭解應徵者的興趣是否廣泛。

27.通常你會在假日做些什麼事呢？

背後的涵義：瞭解應徵者的人際關係。

28.你是否常設法討人喜歡？

背後的涵義：瞭解應徵者是個善體人意或是唯唯諾諾的人。

29.在你看來，成功和失敗之間有什麼差別？

背後的涵義：瞭解應徵者的想像力和語言表達能力。

30.你是否希望能成為一名領導者？為什麼？你認為要如何才能達成？

背後的涵義：瞭解應徵者是否具有積極進取的個性。

31.人們經常批評你哪一方面？

背後的涵義：瞭解應徵者的個性，以及他是否介意別人的批評。

32.你最喜歡批評人們的哪一方面？

背後的涵義：此為瞭解人格方面的好問題。

33.在爭取工作表現方面，你曾遭遇過哪些阻礙？

背後的涵義：激起應徵者的思考力。

34.在顯示積極進取與敬業樂群的工作精神方面，你做了哪些值得一提的事？

背後的涵義：瞭解應徵者在職位上的貢獻能力。

35.你對本公司有哪些方面的瞭解？

背後的涵義：瞭解應徵者在職位上的貢獻能力。

36.你是否會覺得背景、興趣和你大不相同的人往往會和你格格不入呢？

背後的涵義：瞭解應徵者的人際關係。

37.你前一任的上司待你如何？

背後的涵義：瞭解應徵者與他人相處的情形。

38.如果我們雇用了你，你希望在公司能有怎樣的發展？

背後的涵義：瞭解應徵者職業上的主要目標。

39.比起你所應徵的其他單位，你覺得本公司這個工作如何？

背後的涵義：探測應徵者是否已應徵過許多公司，而目前正處於猶豫不決的階段。

40.請簡短地介紹一下你自己。

背後的涵義：使應徵者能自由自在地侃侃而談。

準備一分鐘的中英文自我介紹稿

前面說過因為就業市場上供過於求，造成僧多粥少的現象，人人為一份工作而搶破頭，主試者也沒有時間與耐性面談太久。能有一分鐘作自我介紹算很好的了，有些主試者會乾脆要求應徵者用四個字，甚至一種顏色來形容自己呢。所以我們除了要準備一分鐘的自傳稿，平日也要翻翻成語辭典及色彩學書籍，找個與眾不同又恰當的形容詞才行。

關於準備一分鐘的自傳演講稿的主要內容，是以你的自傳封面做基礎，用口語化的形式來介紹自己。在文字使用上，要避免用強烈（愛、恨、非常、很想要、排斥、好奇心）、極端（朋友、敵人、討厭），及抽象的（靈活、具協調性、能成功）字眼。

● 你要說的是：

1. 直至目前你曾做過對求職或人生有正面意義的事情。

2. 最近發生的事：可以是你的前任工作，相關時事，自己的生涯規劃進展，在進行或剛完成什麼計畫、研究，看了哪本書，對你有何啟發等。

3. 你的最巔峰。

　　因為這段台詞是以口述的形式來表達，你可以先打個草稿，一邊不斷的大聲朗誦，一邊分析修改句型段落、語氣的抑揚頓挫、用字要自然又要能表達專業。多練習幾次，直到能夠倒背如流為止。

　　另外要注意的是，一般人在開始介紹自己時，總是先習慣性地報上自己的大名再開始。先報上自己的姓名也有錯？對，就是錯了！

　　試想你正處於一個重要的面談，而不是什麼座談研習會，即將要開始宣傳自己與展現專業，在場的觀眾可能不只一位（高級）主管，而他們就是決定你未來的人，大家都等著洗耳恭聽你的宏論，而你卻像小學生背書般的先向台下一鞠躬，報上自己的姓名才開始……；這樣的表現專業嗎？

　　再說，你的名字不是早已清清楚楚地寫在履歷上了嗎？難道你在懷疑對方的專業，怕他（們）沒事先看過就跟陌生人面談？或是怕對方張冠李戴，先自我認證一下，但如此會不會侮辱了對方的智慧呢？你還想不想進這家公司上班啊？

　　筆者當然不是說不可以在面談時自報姓名，而是這個動作不應在對方說「請自我介紹一下」（Tell me about yourself）的時候做。你們應該在面談開始前，握手寒暄時，就互相交換姓名了。

◯獨門秘技之如何不著痕跡地加強主試者對你的印象

在與面試官握手寒暄、自報姓名時，你可以手握得緊一點（不是大力喔），加上微微地鞠躬，<u>一邊補充說明你全名正確的寫法</u>。例如，「您好您好，我是汪心如，水汪汪的汪，心願的心，如意的如。謝謝您給我這個機會來面試。」

記著在形容你的名字時，儘量找些特別的，有名的，或是吉祥的詞彙來加深面試官對你的印象。

很多人的演講稿中的第二句，就是介紹自己的家庭或是其他非重點的事情。例如，「家境小康，父親……母親……」，「我來自大家庭，上有……下有……」，或是「血型A型，巨蟹座」。你是去應徵社工、算命師嗎？ Who cares？

本書的姊妹作《*求職Easy Job！*》的自傳封面章節中也有解釋過，**你的個人才是重點**，因為應徵的人是你，他們看的也是你的自傳履歷，不是你家人的。如果資方真的對你的家庭背景或其他的事情有興趣，等他們問了再說吧！

記住，你只有一分鐘，別浪費寶貴的時間在非重點的事情上。

中英文自我介紹稿範例

◯社會新鮮人

(我今年六月剛從XX大學企管系畢業，想找一份有挑戰性的工作。一來可以學以致用，二來也可以符合我的個性理想。而保險業是個充滿挑戰性的行業，我又喜歡與人相處，這樣可以從不同的人的身上學到不同的東西。工作如果可以和興趣結合的話，對勞資雙方而言都是雙贏的。

保險這個行業需要經常與人接觸，瞭解客戶的需要，提供不同的服務。以我的年齡階層來說，有投保的人的保費，可能都是家裡在負擔。但因為現在經濟不景氣，銀行幾乎都已經是零利率了，瞭解投資要趁早的年齡層也隨著降低。投保對我們這種剛出社會的年輕人，經不起股市大起大落的風險，是滿理想的理財方式。

我們唸企管的人，在學校的時候就要開始觀察市場經濟的變化。教授也會準備很多的case study給我們做，各行各業都有，當然少不了投資理財的研究。所以不論在寫報告或是作企劃，我比較擅長於資料的蒐集統計，因為數字會說話。而且有了這些統計資料，才會讓別人，或是未來的客戶信服於我的專業。

剛才提過我喜歡與人相處，唸大學的時候，參加過登山社跟話劇社。如果說是我的興趣廣泛，倒不如說我喜歡學習新知。在這個資訊爆炸的時代，應該要儘量的把握機會充實自己，看看別人是怎麼做的。所以古人也說，「讀萬卷書，不如行萬里路」。我曾經跟幾個好同學去過東南亞玩，也有跟家人一起去過日本、美國。去過這些國家後，給我最直接的啟發就是語言的重要性。

　　如果人與人之間，因為語言的障礙而無法互相欣賞學習，這個世界又怎能進步呢？所以我立志學好英文。我發覺最省錢又有效的學習方式，就是平常在家多聽ICRT電台，看HBO，又有中文字幕，還有聽英文歌也會學的滿快的。現在我的英文程度雖然不敢說非常流利，但一般的聊天溝通都能應付哦！

　　雖然我是新鮮人但不是草莓族。我的哲學是「感謝所有現在給我困難挫折的人，而不是在五十歲的時候才讓我碰到」。我一直都很幸運，一路走來總有貴人相助。其實說是順利，還是有些微風細雨啦；遇到壓力或是難過的時候，我的做法是讓自己離開一下，轉移注意力。這時候如果有人可以請教是最好，不然過一會兒，等自己想通了以後再回頭繼續，結果反而會比一直僵在那兒來的好。

　　不過也幸好我的個性滿樂觀的，每當自己克服了一個心理障礙，或完成了一個難題，內心的成就感就變成了面對下一個挑戰的動力。就像現在我在找工作一樣，您從這麼多的履歷當中挑中我來面談，對我這個新鮮人來說，是一種鼓勵。我當然希望今天能夠面試成功，為XX公司效力。)

　　如果各位讀者還記得本書的姊妹作《求職Easy Job！》中關於自傳的部分，筆者撰寫的這個範本，都是本著「那又怎麼樣」（So, what?）的原則來寫的。文中包括了筆者說的三個重點：

1. 直至目前你曾做過對求職或人生有正面意義的事情。

2. 從一開始到結束都給人感覺你是個積極、正面、樂觀的人。

3. 最近發生的事。

4. 第二到第四段中有提到現時的社會經濟情況，在校的活動、自己的學習方式等。

5. 你的最巔峰。

6. 因為這份範本是以新鮮人的角度來寫的，所以只能寫在校的表現、自我的突破等事情。

那麼假設今天主試者是請你用英語來講的話，該怎麼說呢？

I recently graduated from Business Administration at XX University in June.

> （筆者註：因為一開頭就寫明了是最近六月份畢業的，所以若用recently這個字，要注意當時，即申請日期是要在約半年內的日期。）

I am interested in the insurance industry, because it's challenging and it fits my characters perfectly. It will be a great opportunity to apply what I have learned from school and to reach different kinds of people who I could learn from at the same time. It will also be a mutual beneficial relationship if we could combine both work and self-interests in one single place.

INTERVIEW

People in the insurance business must be people-oriented so that they can provide various services to fit customers´ needs. Just take my age group as an example; parents are most likely the one who pay the bill to have their children insured. However, due to the bad economy situation nowadays, the market interest rate is almost down to zero. The young generation now understands the importance of planning their financial portfolios as early as possible. So comparing to the high risk involved in the stock market, investing in insurance seems a safer tool for fresh graduates like us.

All the B.A. students are required to observe the global economical changes. We did a lot of case studies that covered various industries. Finance and investment are certainly one of them. Therefore, I was trained and am very good at collecting data and preparing statistics. As we all know number talks, it also helps to convince people or the future clients about my professionalism if I had prepared the reports before hand.

Like I said, I enjoy being with people. When I was in college, I joined the mountain climbing and drama clubs. You may say I am well rounded, but I'd rather call myself a learning sponge. I do whatever it takes to catch up the world and look how they did it. I have traveled to Southeast Asia, Japan, and America with family and friends. What inspired me the most was the importance of speaking the common language.

The language barrier shouldn't be the reason of not making the world better simply because we don't understand each other. That's why I've decided to improve my English skills by listening to ICRT, watching HBO, and singing English songs. I found those are pretty effective, fast and yet economical. Although I cannot say my English is fluent, but at least I can communicate in English with no problem.

Being a fresh graduate doesn't mean I am a ＂strawberry＂, like how the society labels us. My philosophy is ＂Rather to encounter the difficulties in 20's than 50's＂. I am a lucky person who always receives supports whenever I needed them. But even so, I still had to deal with some challenges on my own over the years. I usually drew myself out of the situation for a while and looked for expertise if possible. else for a chance to re-organize my thoughts; and it worked every time.

Luckily, I am also pretty optimistic too. Whenever I have overcome a difficulty, the happiness of reaching the achievement has turned into the momentum for the next challenge. Just like you have selected my resume out of hundreds, even thousands, it's a great encouragement to a fresh grad. I sincerely look forward a success to today's interview and work for XX Co. soon.

細心的讀者可能會發覺到，你不是說正式的文章不可用簡寫嗎？！那為什麼這篇英文範例用了幾個簡寫字，像 ＂That's why……．＂，＂I'd rather……＂，＂don't＂，＂shouldn't＂等字樣都沒有寫出全字？

沒錯，是故意沒有寫出全字，因為到時候你是用說的，而不是寫出來給人家看的。為了考慮到讓各位讀者練習說英語的時候，能夠順暢、流利、自然些，所以故意用簡寫字寫出來。

INTERVIEW

筆者不是鼓勵大家用這些範例來照本宣科，每個人都應該有不同的自我介紹稿才對，而是提醒讀者，當你在準備自己的草稿時，也要記住這個小撇步喔。

◯職場幼齒族

我先從教育背景開始好了。在台灣AA大學經濟系畢業後，因為考慮到未來的就業市場只會越來越競爭，而且不會只限於台灣，那麼去國外進修，對自己或對未來雇主的形象，都會有正面的提升。於是工作了2年後，存了一點學費，加上父母的資助可以去美國唸MBA了。接著又花了2年的時間，在大前年拿到了美國BB大學的企管碩士學位，一回國就進入了船運業服務，負責全球補給跟採購船用品。

剛才有提到在出國前，我曾經服務於CC公司2年，擔任秘書。那是我第一份正式全職的工作，今天我能夠井井有條的處理大量的文書工作，都要感謝他們對我的基礎教育做的好。也因為他們的鼓勵，激發了我對管理工作的興趣，才能更上一層樓的拿到碩士文憑。

回國後我就進入了船運業，服務於DD公司，擔任採購。由於我之前沒有接觸過船運業，感謝前任老闆的破格提拔，錄用我擔任採購這個重任。經過了一段時間的摸索下來，也有些小小的心得跟成就。像是：開發還有聯絡全球一百多家供應商，安排補給跟採購船用品給公司的二十艘大型散裝貨運船，還有處理相關文件，編列支出預算，成本控制，應付帳款等。

另外，因為我的企管專長加上公司的信任，還曾經協助人事行政經理處理有關人員招募及面談，人力資源規劃，員工教育訓

練，行政規章擬定等正職外的事情。

　　因為船運業本身就是跟全世界作貿易的，所以每位同事不論是說聽寫都具備了一定的英文程度。還好我的英語還算流利，有自信可以為公司擔任對外的橋樑。除此之外，留學生的生活，也讓我變的很獨立堅強。面對挫折，不會畏縮，反正沒有退路了，只能盡全力放手一搏，萬一失敗了，也是個可貴的經驗，重頭再來。但是我當然還是很希望今天能夠面試成功，為EE公司貢獻一己之長。

　　還記得筆者在本書的姊妹作《求職Easy Job！》中關於寫履歷的部分曾提到過，要把握一個大原則，那就是<u>先說個人最佔優勢的背景經歷</u>。假如你只有一兩份工作經驗，就先講你的教育背景。

　　雖然目前台灣有越來越多的人擁有碩士學位，但在競爭激烈的就業市場上，比起大多數的人，碩士文憑還是很吃香的。所以在這篇筆者杜撰的範例中，選擇先講教育背景，再提工作經驗和人格特質。

　　那麼同樣地，假設今天主試者是請你用英語來講的話，該怎麼說呢？

Let's start from my education background first.　After receiving my Bachelor Degree in Economy at AA University, I realized that the job market would only be more selective everywhere.　I needed to be competitive and competent.　The world has turned into a global village. Studying aboard for an advance education will enhance both of my future employer's image and mine in a positive way.　So I worked hard for 2 years and had some savings plus my parents' help, I finally could pack myself heading to the BB University's MBA course in theUnited

States. Two years later, I came back to Taiwan with my Master's Degree and soon served in a shipping company doing procurement.

I mentioned earlier that before I went to US, I have worked as a secretary at CC Co. for 2 years. That was my first full-time job. They deserve all the credits if I could manage bulks of documents without frustration; they really trained me well. Also, thanks to their encouragement to me for heading into the managerial positions, I realized that I needed a more solid and well-rounded education, which motivated me in getting an MBA Degree.

After I came back from US, I was served in Procurement at

DD Co., which is a bulk shipping company. I really appreciate my ex-boss's trust; he promoted me in this sensitive position. It was hard in the beginning because shipping industry was a total stranger to me. But after groping a while, I have developed a system at work and enjoyed some achievements throughout my employment, such as:

◎Managing supplies to DD's 20 vessels worldwide;

◎Developing and contacting hundreds of global vendors;

◎Ensuring cost-effectiveness, preparing expense reports, accounts payable, and budget.

In addition, my specialty in business administration plus the trust that I have earned from the senior management, I have assisted General Affairs in:

◎Preparing HR advertisements and interviewing candidates;

◎Training new employees, preparing company instructions and employee manual.

Those are the extra works I did on top of my existing workloads in Procurement.

Since bulk shipping is to develop businesses internationally, all the staff was able to write and speak English. My bilingual background has proven to be a great asset to the company as I was involved in negotiating with multi-ethnic individuals and closing business deals. Also, being an international student while I was in US has turned me into a tough and independent person. I learned to face the challenges with no fear like I had no way turning back. Failure is just another start with experience. I certainly didn't expect a failure but a success to today's interview and an opportunity to serve at EE Co. soon.

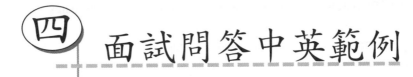

第一關：基本初試問答題

以下的問答範例，是針對新鮮人和社會資歷尚淺的職場幼齒族而寫的：

人事主管：你剛畢業是嗎？有沒有工作經驗？

　　　　　Your resume says you just graduated.　Any work experience?

應 徵 者 ：是的。今年六月畢業於……因為專心於課業，只有兼任家教補習，沒有全職正式的工作經驗，所以希望能夠慎重地尋找一份合適的工作，貢獻所長，真正地開創自己的人生。

　　　　　Yes, I just graduated from XX (your major) at XX University this June.　My heavy curriculum workloads didn't allow me to attend a full-time job, so I only have worked as a part-time tutor before.　That's why I am seriously looking for a right job that fits both the employer and me, and

人事主管：你是來應徵什麼職位的？ 之前有相關的工作經驗嗎？

　　　　　What position are you applying?　Did you have any related work experience?

應徵者：（1）我是來應徵業務專員職位的；以前曾在XX塑膠的業務單位服務過一年的時間，工作的內容以開發及聯絡全球的辦公室用品貿易商為主。我的履歷表中有提到我曾協助主管開發了美洲及日本市場，並為公司帶來兩百萬美金的營業額。

（1）I'm applying for the Operation Specialist position. I have worked in the Sales Department at XX Plastics for a year contacting the office supplies traders globally. My resume also states that I have assisted my supervisor in developing the American and Japanese markets, which brought a total of 2 million US dollars of the sales amount to the company.

（2）我是來應徵業務專員職位的；我之前的工作經驗雖然沒有包括業務，但平日需要處理大量公文，與各地的廠商進行協商的工作，英文的基本讀聽寫也沒有問題，也對各種電腦軟體操作都很熟練，加上我本身積極開朗的個性，所以有信心做好業務的工作。

（2）I'm applying for the Operation Specialist position. My previous work experience didn't include sales jobs but I needed to handle tons of paper works, dealt with people in different places so I have no problem of speaking and writing the basic English. I believe my proficient computer skills plus my initiative and open-minded characteristics would help to make me a very successful sales specialist.

INTERVIEW

人事主管：你什麼時候離開前一任公司的？為什麼要換工作？

When did you leave your previous job? Why did you quit?

應 徵 者：我是三個月前離職的，因為（1）原公司改變了它的營業方針，加上我對繪畫（或其他）的熱愛，不希望繼續埋沒我在藝術（或其他）方面的小小的天賦。

I left my previous employment 3 months ago because （1）I am looking for a career change. The company changed their business direction; besides, I've always wanted to be in the graphic （or others） industry so that my talents in arts wouldn't become a waste.

（2）……公司改組而我與他們理念不合，所以離職了……

（2）…I didn't agree with the new management's business philosophy so I decided to have a career change. …

（3）……公司正在縮編而我不幸被犧牲……

（3）…the company was downsizing and unfortunately, I got laid off.…

（4）……坦白說，在那裡我得不到成長和晉升的空間，希望下一份工作能夠肯定我的才華並得到合理的薪酬。

（4）…frankly, there is no room for career growth and advancement. I hope my next employer will appreciate my talents and hard working attitude with reasonable rewards.

人事主管：既然如此，就請你介紹一下自己吧。

　　　　　Please tell me about yourself.

應　徵　者：好的。（請參考前章節：準備一分鐘的中英文自我
　　　　　介紹稿，及獨門秘技四：如何不著痕跡地加強主試
　　　　　者對你的印象）

　　　　　Yes, of course, …

人事主管：你在找什麼樣的工作？為什麼會想來我們公司？

　　　　　What kind of the job you are looking for? Why did you
　　　　　want to come to our company?

應　徵　者：因為我本身對抱有濃厚的興趣。 就我的瞭解，貴公
　　　　　司……（或這個行業……，你從投遞履歷表開始，
　　　　　就應該針對公司產品、企業文化、甚至是產業動態
　　　　　作深入的瞭解。）不知道我說的對不對，請問可以
　　　　　再為我補充一下嗎？

　　　　　Well, because I've always interested in…, according to
　　　　　what I have found, you are… （the products you sold are
　　　　　…; the services you provided are…; or the XX industry is
　　　　　…） I don't know if that's correct or not, can you please
　　　　　tell me some details about the job and the company?

人事主管：當然可以。（開始就工作內容、條件、公司文化等
　　　　　逐一解釋。） 你認為你可以勝任這份工作嗎？

　　　　　Sure. （Job description, requirements, company culture .
　　　　　…, etc.） Can you handle the job?

面試
EASY JOB

應 徵 者：我非常希望能夠為XX公司效力。雖然我目前暫時欠缺實務經驗，但正因為如此，相信我的創意會帶給公司很多新的靈感。至於工作上的實務細節，希望到時候麻煩請各位同事主管多多照顧。我會盡全力配合公司的。

I am very willing to work for XX Co. Although I am temporarily out of practical experience, but this is just the reason why I should be hired--fresh blood brings fresh ideas to the job. I am sure the company will provide some training to get me on the track as early as possible. I look forward to devote my best to you soon.

應 徵 者：（1）我相信我會是最好的人選，因為我的學經歷背景完全符合貴公司的要求。

（1）I believe I am the right person for the job because my qualifications and experience perfectly match what you are looking for.

（2）我一定可以勝任愉快的，因為有經驗，知道如何做好這份工作，我對細節與作業流程都很熟悉。

（2）Of course I can handle it. My practical experience in managing the workflow details ensures my best performance to the job.

（3）雖然我不是科班出身的，但既然下定了決心要換跑道再出發，我已經準備好去迎接挑戰；對雇主而言，員工的誠意與決心才是最重要的，不是嗎？我非常希望能與公司一起成長。

（3）Although this is not my field, but I've made up my mind to have a brand new start and I am all prepared to the challenges. They're the employee's attitude and willingness that the employer should care the most among others, aren't they? I am very willing to have a career growth at XX.

人事主管：你能夠在壓力之下工作嗎？

Can you work under pressure?

應 徵 者：我是屬於越挫越勇型的人，因為我深信壓力會逼出人的潛質，加速自我成長的腳步。請問這是一個工作壓力很大的環境嗎？

I thrive under pressure. I believe pressure helps people to recognize their inner strengths and so it shortens the process of self-advancement. Is this a high stress environment?

人事主管：你認為你有什麼樣的優、缺點？

What are your strengths and weaknesses?

應 徵 者：（1）我是個可靠又勤奮的員工，個性積極開朗，喜歡學習。鍥而不捨的精神雖然好但有時候別人會覺得我很煩，所以遇到不懂的事我都先觀察別人怎麼做，再不然儘量只請教、麻煩別人一次就好。

（1）I am a dependable hard worker, initiative and open-minded, also I like to learn new things. Although learning and tracing things to the roots are good but sometimes people think I am annoying, so now I usually observe before I ask. Even if I had to ask people, I try to bother them once only.

（2）優點是因為個性認真負責，我對工作有很強的自發性，抗壓性也很高；正因如此，在別人眼中看來我有時顯得過於嚴苛，也許這是一個缺點，但我與人相處一直很愉快。另一個缺點就是我的辦公桌總是剛收乾淨不久又堆滿了公文跟卷宗。

（2）My strengths are I am self-motivated, responsible for what I do, and still work well under pressure. Because of that, sometimes people think I am too hard on myself; maybe this is my weakness but it doesn't mean I am hard on everyone too. I am always very good with people. The other thing I cannot do well is it's hard to keep my desk clean; it always gets mess up right after I get it organized.

（3）我是個誠實還帶點兒幽默感的人，相信我的朋友、師長、前任雇主也都會同意這一點。也因為有幽默感，又天生一張娃娃臉，比較討喜，但卻沒有威嚴，別人也會質疑我的專業度。

（3）I am an honest person who also has a sense of humor. My family, friends, teachers, and ex-employers would have no doubt about that. However, other people would doubt my professionalism because of my baby face, it makes me popular but it looks no severity

人事主管：你認為你的前任老闆會對你有什麼樣的評價？

What would your ex-employer say about you?

應 徵 者 ：（1）他會說我是個可靠又勤奮的員工。

（1）He would say I am a dependable and hard working employee.

（2）我想他會說我為公司貢獻很多，他很遺憾我離開。

（2） I believe he would say I have added a lot of values to the company and he is very sorry to see me leave.

人事主管：既然你有信心，那麼我現在就請我們的單位主管來和你談談好嗎？

Since you are very confident about yourself, I will ask the supervisor to talk to you now.

應 徵 者：那真是太好了！非常謝謝您。順便再請教您這位單位主管該如何稱呼？

That will be great. Thank you very much. But before you go, may I ask what is the supervisor's name?

人事主管：他的名字是陳安榮，是我們的XX經理。

His name is Patrick Chan, and he is our XX manager.

應 徵 者：謝謝，希望我剛才沒有耽誤太久您寶貴的時間，不好意思，太麻煩您了。（開心地起身向對方握手致謝）

Thank you again. I hope I didn't take too much of your valuable time. I really appreciate it.

第二關：單位主管面試問答題

<u>對話一：</u>

應 徵 者 ：（起身，面帶微笑與進來的單位主管握手並自我介
紹。 請參考上一節：準備一分鐘的中英文自我介
紹稿）

您好您好，我是汪心如，水汪汪的汪，心想事成的
心，如意的如。謝謝您給我這個機會來面試。

Nice to meet you. My name is Sharon Wang, it spells like
"S H A R O N W A N G". Thank you for giving me
this opportunity to talk to you today.

單位主管 ：不客氣，我是陳安榮，負責XX部門。請坐。我想
剛才Kerry有跟你介紹過我們公司和這份工作了
吧？！那麼就請你再重複一遍她說了些什麼，越詳
細越好。

You are welcome. I am Patrick Chan, the XX Manager.
Please sit down. I believe Kerry has already explained to
you about the job and our company. Would you mind to
repeat what she has told you and make it as detail as
possible?

應 徵 者 ：（請盡可能完整地複述一遍）

◯獨門秘技之如何證明你是匹千里馬

當第一位的人事主管向你逐一解說工作內容、條件、公司文化時，各位求職者一定要專心的聽好，因為很可能第二位的單位主管，一開始就要你從頭到尾地複述一遍，攻你個措手不及，看看你有沒有專心在聽，並且能否完整的記住主管的交代。

如果你都能夠完整的記住主管的交代，表示你是個肯用心做事的人，而且這份工作你一定很快即可上手，是個人才。這個部分足以測出應徵者真正的做事態度，還有未來可否擔當大任。各位求職者切記切記！

就算單位主管沒有提出這個要求，你也可以主動地與對方確認你未來可能的工作內容一遍，並更深一步的討論公司文化，和相關同事之動態與職權。資方會對你主動積極的態度，留下深刻良好的印象的。

單位主管：既然妳已經非常清楚了，我想接著請教如果妳已被錄取，心中對這個職位或部門的運作是否已有藍圖了？第一步會從哪兒開始？

Since you are clear about the job and us, my next question is, do you have a picture in your mind about the operations in this department, what would you do step by step, and where to start first?

面試
EASY JOB

（筆者註：這個問題暗示著資方對應徵者的表現感到滿
意，已有心栽培了。因為如果應徵者的表現普通的
話，資方也不會浪費自己的時間啦。會問到這種應屬
於經理級的問題，你／妳起碼也有高階特助的職位
了。伯樂就在眼前，請把握機會，好好表現！）

對話二：

單位主管：請說說對加班的看法。

How would you feel about working overtime?

應徵者：我認為不論自身有多少年的經驗，初到一個新的環
境時，絕對要付出多一點的心力，才能早點上手。
至於之後，年輕人本就應該多為將來打拼，除了白
天上班，我晚上還在Ｘ大進修ＸＸ；所以我會很感
激公司儘早的通知，我會預先安排好時間，以免衝
突。

I believe regardless how experienced you are; a new
comer definitely needs to devote extra efforts to be on the
track as early as possible. In terms of afterwards, young
people should have worked hard for their future anyways.
Other than my daytime work, I also attend the XX courses
at a night school for self-advancement. Therefore, I
would appreciate an early notice from the company so that
I could re-arrange my schedule in advance.

單位主管：請說說對工作外派的看法。

How do you feel about relocating?

應 徵 者 ：（1）雖然我是單身，但因目前恐怖活動頻傳，自
身還有工作環境的安全性，是我對外派工作的主要
考量。請問會是哪個國家？

（1） Although I am single, but because of the continuing
terrorism attacks, both of myself and the environmental
safeties are my major concerns for relocating. May I ask
what country it will be?

（2）對不起，因為家累，我無法接受外派的工作。

（2） I am sorry, due to the family reason, I cannot accept
relocating.

對話三：

單位主管：如果你已是本公司的員工，五年後的你將會在做些
什麼？

If you were one of us, what do you think you will be
doing in 5 years?

應 徵 者 ：不是說頭銜不重要，如果頭銜不重要的話，人們就
少了一項奮鬥的目標；我認為不論是什麼職位，一
定要能夠樂在工作，懂得將工作的苦轉換成收成時
的樂。我想在五年內擔任公司經理級的職位，我會
竭盡所能，與各部門多溝通往來，爭取實際操作的
機會來達成我的目標。

I am not saying the title is not important, because if it was,
we are missing one goal in our lives that we need to
pursue. Regardless what the title is, we must enjoy what I
am doing and know how to transfer the pain at work into
the harvest joy. I would position myself at a managerial

level in 5 years. I will do whatever is necessary, work closely within and between departments, strive for practical chances to get my hands on and make my dream comes true.

其它的面談話題與禁忌

(V) 配合不同的行業，找到正確的面談方向。

例如：廣告及傳播媒體，自我宣傳的方向就在你曾參與執行的企劃案；銀行金融業注重的是你的學歷、學科成績、畢業論文；中小企業就要多多突顯你的多樣性及外語能力；科技與建設工程業就要多著墨於你的專業度。

適當的自我調侃是一種幽默，也更能顯出你的大方氣度喔。

(V) 強調該公司是你的第一志願。

(X) 不否認也有去同業的競爭公司面試，這關乎企業的自尊心。

(X) 你的應徵動機、興趣……等與其他一拖拉庫的面試者一樣。

(X) 忘記主試者的姓名。

各行各業的中英問答範例

◎秘書面談

單位主管：你瞭解秘書的工作嗎？

　　　　　Are you familiar with secretarial works?

應 徵 者：（1）我曾擔任過兩年的秘書工作。

　　　　　（1）I've worked as a secretary for 2 years.

　　　　　（2）我沒做過秘書，但我很希望從這份工作開始學起。

　　　　　（2）I've never been worked as a secretary, but I am willing to learn from this position.

單位主管：你之前的服務的公司是什麼樣的行業？

　　　　　What kind of industry (environment) was your previous job?

應 徵 者：那是一家貿易公司。 我負責建檔，撰寫公文與商業文件，安排主管的行程，作會議記錄，文具訂購等

　　　　　It was a trading company. I was responsible for filing, preparing documents, making the executives' schedules, taking meeting minutes, recording the office supplies, etc.

單位主管：你會哪些電腦軟體？會中英打字嗎？

　　　　　What kind of computer programs can you operate? Do you know Chinese and English typing?

應 徵 者：我會操作MS Word, Excel, PowerPoint, Access, Outlook,中打一分鐘50個字，英打一分鐘70個字。

I know MS Word, Excel, PowerPoint, Access, and Outlook. Chinese typing is 50 words per minute, and English is 70.

○國貿人員面談

單位主管：你對進出口貿易的程序熟悉嗎？

Are you familiar with all the procedures of import and export trading?

應 徵 者：我對出口貿易比較熟悉，至於進口的話，因為過去並沒有接觸過，但我相信我可以學的很快。

I am familiar with export trading procedures. However, I didn't have a chance to touch the import area in the last a few years, but I am sure I can learn very fast.

單位主管：沒關係。那麼你也懂得國貿常用的術語囉？ 信用狀、提單、發票這些都會開嗎？

That's fine. Are you also familiar with all the terminologies in international trading? What about issuing letter of credit, bill of lading, invoice, etc.?

應 徵 者：我看的懂那些國貿名詞，事實上我還自己買了一本英漢對照的國貿字典呢。還有我以前都是自己準備那些銀行跟報關文件的。

Yes, I know the terminologies.　As a matter of fact, I personally bought a Chinese-English dictionary of international trade.　I used to prepare all those documents myself.

○會計／出納／銀行櫃員面談

單位主管：你有做過會計／出納／銀行櫃員的工作嗎？ 有沒有處理過大量現金的經驗？

Have you ever worked as an accountant ／ a bookkeeper ／ cashier ／ bank teller before?　Any experience in handling large amount of cash?

應 徵 者：我有做過出納的工作，也有接觸過現金處理，但金額並不大。

I used to be a bookkeeper ／ cashier, and so I had a chance of handling cash but not at large amount.

單位主管：那麼你那時候的工作內容包括哪些？

What were your responsibilities?

應 徵 者：我負責作收支平衡及帳目分類。

I was responsible for balancing the book and grouping the accounts.

單位主管：有在哪兒實習（或工作）過嗎？

Did you intern (or work) anywhere?

應 徵 者 ：(1) 是的，我曾在報稅季節於一家會計公司實習過。

(1) Yes, I have interned with an accounting firm during the tax season.

(2) 是的，我曾在一家會計公司擔任過兩年的初級會計師。

(2) Yes, I have worked as a junior accountant at an accounting firm for 2 years.

單位主管：你對數字敏感嗎？

Are you sensitive to the figures?

應 徵 者 ：當然不只敏感啦，因為涉及金錢，身為一個專業的出納員，我不僅對數字敏感，還要敏捷跟正確才行。

Not only sensitive, but because it involves cash, being a professional bookkeeper／cashier, I am also fast and accurate.

○程式設計師面談

單位主管：你在這個行業工作了多久？

How long have you been in the business?

應 徵 者 ：大學資訊系畢業後，已經在電腦這個行業服務三年多了。

Well, I am in the computer engineering for over 3 years now after my college graduation from computer science.

單位主管：你做過哪些方面的設計？

　　　　　What types of systems have you worked on?

應 徵 者：目前市場上使用的系統我都很熟。

> （筆者註： 因筆者不熟悉電腦設計，無法在這裡列舉系統名稱；但你應儘量回答你會的系統。）

　　　　　I am familiar with pretty much every system that is available in the market.

單位主管：你對新出的XX熟悉嗎？

　　　　　Do you know the new XX?

應 徵 者：對不起，因為他才剛推出沒多久，我還沒有機會用過；但我對系統維護檢查還滿在行的。

　　　　　I am sorry, because it just came out and I haven't had a chance to practice it yet, but I am very good at system maintenance and troubleshooting.

●醫護人員面談

單位主管：你為何想成為醫護人員？

　　　　　Why you wanted to join the medical treatment business?

應 徵 者：因為我認為救人是個很偉大的職業，而且我可以冷靜地在壓力下工作。

　　　　　Because saving people's lives is a great business. Besides, I am calm under pressure.

單位主管：你有受過急救（或醫護）訓練嗎？也有體力負荷長
時間的工作？

Have you received first aid (or medical) training before?
Can you physically afford long hour working?

應 徵 者：是的，我有受過急救（或醫護）訓練；也能負荷長
時間的工作。 這是我的受訓證書，請過目。

Yes, I am properly trained and my body condition is also
able to afford long hour working. This is my certificate.

◯人事人員面談

單位主管：你有什麼樣的人事經驗？

What kind of human resource experience do you have?

應 徵 者：我之前在XX公司擔任人資專員的職位。工作範圍
包括選擇徵才媒體、分類與過濾履歷、面試應徵
者、及處理薪資等。

I was the HR Specialist of Personnel at XX Co. for the
last 3 years. I was responsible for selecting the
advertisement tools, sorting and screening the applicants,
interviewing, and preparing payrolls.

單位主管：XX公司的規模有多大？ 你們是如何管理人事的？

How big was XX Co.? How did you manage personnel?

應 徵 者：我們雖然不大，只有三十人左右，但還是利用電腦來管理。 XX公司有一套電腦化的人事系統，只要輸入所有員工的基本人事資料、個人的學經歷與技能，老闆可以依此報表參考員工的升遷或嘉獎計畫。 還有它和會計系統相容但可選擇不相通，自動紀錄員工的出勤與休假情況也不怕機密外洩。

We are not big, only about 30 people, but we manage our personnel computerized. All we have to do is to input the basic employees' personal information as well as their educational background, work experiences, and competencies, the system will prepare a promotional and ／or a succession plan for management's reference. The HRIS (Human Resources Information System) is compatible with the accounting system but it has an option for separate operations. It automatically documents the employee's attendances as well as their salary records so all the confidential information remains fully concealed.

單位主管：既然你有這麼完整的經驗，我們可能需要借重你的長才來為我們服務。

Since you have a full aspect of experience, we might need your help here.

應 徵 者：能為XX（貴公司）服務將會是我的榮幸。

It will be an honor to work for XX.

INTERVIEW

單位主管：你的希望待遇是多少（請參考下一節之薪資問答範例）？

What is your expected salary?

○業務／行銷／客服人員面談

對話一：

單位主管：你做過業務／行銷方面的哪一部分？

What specific areas have you touched in sales ／ marketing?

應　徵　者：我做過零售及直銷，也曾參與過製作行銷計畫書。

I have worked in retail and direct marketing areas; I have also involved in preparing the marketing plan.

單位主管：你的業績如何？

What was your sales record like?

應　徵　者：(1) 我是公司最好的。

(2) 我是公司的頂尖業務員之一。

(3) 坦白說，我的業績雖然不是一直保持在第一，但至少都高於公司的平均水準。

(1) I was number one in my company.

(2) I was one of the top sales reps in my company.

(3) Honestly, I wasn't always at the top but I was above the average.

單位主管：既然你是個top sales，我桌上有十幾件不同的商
品，讓你選一樣，限時五分鐘來向我推銷。

Since you are a top salesperson, there are over 10 items of
different objects on my desk, please choose one and I will
give you 5 minutes to make a sale to me.

對話二：

單位主管：既然你曾參與製作過行銷計畫書，請你說說你對行
銷4P的定義。

Since you have involved in preparing the marketing plan,
please tell me about the 4P's in the marketing mix.

應徵者：這4P的行銷組合在現代行銷學裡是主要的中心思想
之一。企業運用這一套自設的行銷策略工具在目標
市場中取得應有的回報。而這一套的行銷策略工具
包括了四個變數：

<u>Product</u> 產品是貨物及服務兩者結合而成的組合，
被企業推出到某個目標市場販售。

<u>Price</u> 價格是指消費者為得到這項產品而付出的金
額。而此金額是根據目前市場競爭的情況，並符合
消費者預期的價值水平來訂定的。

<u>Place</u> 地點是指公司為銷售他們的產品而必須在某
個地點或處所展示商品，讓目標顧客群可以在該處
議價、購買、及尋求售後服務。

Promotion 銷售包含了一系列透過管道的行動來宣揚商品的價值到消費者的心中，和說服目標顧客群使他們掏腰包付費購買。這一系列的行動包括：打廣告、給折扣、現金回饋、低利率貸款、和其他的購買優惠。

The marketing mix is one of the major concepts in modern marketing. It is a set of controllable tactical marketing tools that the firm blends to produce the response that it wants in the target market, which are grouped in 4 variables:

Product means the "good-and-service" combination the company offers to the target market.

Price is the amount of money that customers have to pay to obtain the product. Such amount is set based on the current competitive situation and reflected into line with the buyer's perception of the product's value.

Place includes company activities that make the product available to target consumers—keep an inventory for demonstration to potential buyers where they can negotiate prices, close sales, and offer service after the sale.

Promotion means activities that communicate the merits of the product and persuade target customers to buy it. It includes advertising, discount sales, cash rebates, low financing rates, and other added purchase incentives.

單位主管：非常好。現在再請你說說你對客服4C的定義。

Very good. Now tell me about the 4C's of customer service.

應 徵 者 ：<u>Concern</u> 關心顧客：秉持著服務第一，顧客至上，全方位地滿足客人的需要。

<u>Consideration</u> 體貼：讓顧客感受到充滿古早人情味的親切，及完全貼心的接待；他們的肯定就像是一注強心劑，忙的再累也值得。

<u>Conscientiousness</u> 以誠信待客：以誠為本，童叟無欺，說到做到。

<u>Cooperation</u> 團隊合群：縱使明知榮耀可能不屬於我，與同事之間還是要隨時互相支援才能維持最佳的客服水準。

<u>Concern</u>

Sincerely care about my customers' complete satisfaction, and convey that caring in all my interactions with customers.

<u>Consideration</u>

Customers relish good, old-fashioned courtesy and genuine kindness. Even when I'm tired or stressed, act as though you were feeling energetic and cheerful. Customers will appreciate my efforts.

Conscientiousness

Always do what I promised in a timely manner. This is essential to earning customers' trust, and that trust is the key to gaining repeat business.

Conscientiousness

If one of my co-workers needs a hand in order to provide excellent service, I will roll up my sleeves and help out-- even if I know my co-worker may get all the credit afterward. It doesn't matter who gets the glory; what does matter is whether or not the customers' needs are met completely.

單位主管：你說的太好了。本公司就需要像你這樣的人才，你什麼時候可以來上班？

You are excellent! You are just what we are looking for. When can you start?

應 徵 者 ：謝謝您的稱讚，（1）我隨時都可以來報到。

...（2）對不起，我需要一個禮拜的時間；而且我可以先請教您這職位的待遇有多少嗎？

Thank you for your compliments. （1）I can start any time.

... （2）I am sorry, I need one week to start but before I start, can I ask you what is the pay to this position?

爭取高薪的中英問答範例

單位主管： 你目前（或上一份工作）的待遇是多少？

How much do you make now?（Or how much did you make from your last job?）

應 徵 者： （1）我目前（或上一份工作）月薪是三萬五千塊，加上兩個月的年終獎金。

（1）I am presently (or was) making 35 thousand dollars plus 2 months of year-end bonus.

（2）我的薪水低於一般行情。

（2）I am (or was) making less than the average pay.

（3）對不起，我不想回答；因為這兩份工作的職務與行業都不一樣，兩者無法相提並論，所以不如請您告訴我公司規定是多少？

（3）I am sorry but I'd rather not answer your question because these two jobs are totally different in the nature. I cannot compare an apple with an orange; this job has nothing to do with my current (or last) job. Therefore, why don't you suggest me how much I should ask for?

（筆者註：雖說應徵者面試時要儘量配合資方的詢問，但如果你真的不想回答有些問題的話，可以婉拒。記住語調要客氣，臉上要掛著微笑哦。）

單位主管： 你的希望待遇是多少？（這高出我們的預算。）

What is your expected salary?（That's more than we had planned.）

INTERVIEW

面試
EASY JOB

應徵者：（1）就這個工作而言，以我的學歷／能力／經驗，理想是三萬五左右，但希望不低過三萬塊月薪。（我相信這個要求很合理。）

（1） Based on my education／skills／experiences to this job, my ideal is 35 thousand but not lower than 30 thousand a month. (I believe this is very reasonable.)

（2）我希望有四萬出頭。（您將會發覺我是物超所值。）

（2） I am looking for low 40 thousand. (You will find I am worth more than every dollar of what you pay me.)

（3）我想要求五萬五到六萬（但這可以再商量）。

（3） I would like to have 55 to 60 thousand (but that's negotiable).

五 面試後

面試後有助加分的方法

面試結束後，你可以寫一封簡短的謝函，或致電對方表達你的感謝與積極的態度；這兩種方法都將有助你入選的哦！

◯ 謝函

寫一封e-mail，或買一張小卡片，寫上對公司的感想，對主試者的感謝，限時寄到公司。寫e-mail時，注意用的是黑色易讀的字體，別用一些奇怪華麗的字體及顏色。絕不可送對方一張e卡代替，也別同時另送拷貝（CC）給他人，去「工具」列用「拼字及文法檢查」後才可送出。最好是以手寫謝函最顯誠意。

◯ 中英文範例

尊敬的人事部X經理：

您好！我是星期二上午十時與您面談過業務助理職位的XXX，謝謝您給我機會並撥冗接見。我對此職位非常有興趣，並深信以本人的技術和經驗可以勝任這個挑戰。 如果您有什麼問題是我們在面談中未曾提及的，請隨時不吝賜電至本人的手機0911-111-111。

INTERVIEW

再次地感謝您的指教，並期盼能早日加入您們的團隊。

順頌時祈

簽名 敬上

Dear Mr. XXX,

How are you? I am XXX, you interviewed me last Tuesday at 10 a.m. Thank you for spending some time with me and discussing my qualifications to the Operation Assistant position.

Like you have noticed, I am very interested in this position and truly believed that my abilities and experiences can handle the challenges of the job. If there were any issues we left out in our last meeting, kindly contact me any time at 0911-111-111.

Again, thank you very much. I look forward to join your company soon.

Sincerely,

XXX

○以電話要求對方再考慮

面試後一週若尚未接獲回音，可主動打電話給對方，請教是否有結果。若被錄取，則向對方請教報到應注意事項。若未被錄取，可委婉請教原因為何，做為日後改進的參考，並表示若有類似機會，你會繼續應徵，表達你對該公司的興趣。主試者接到這樣的電話，通常會給予鼓勵或建議，甚至反而錄取你，給自己多一次機會。

○中英文範例

應　徵　者：陳經理您好，我是星期二上午十時與您面談過業務助理職位的XXX。我收到您的留言說這個職位已被遞補了，我可以請教您為何決定錄用別人嗎？

Hello, Mr. Chan, this is XXX, you have interviewed me last Tuesday at 10 a.m. for the Operation Assistant position. I heard your message saying that the position has been filled. May I ask why you decided to go with someone else?

單位主管：我們只是覺得他較適合這個職位，我知道你也很優秀，但我們已決定請他了。

We just felt he was a better match for this position. I know you are very good too but we have decided to go with someone else.

應　徵　者：雖然我不認識他，但聽您這麼說我相信他也很有資格，只是還是想打擾您幾分鐘時間再與您談談。

Even though I don't know him but according to what you just said, I believe he is also qualified, but can I have a few minutes to talk with you some more about the job?

單位主管：你想談些什麼呢？

What do you like to talk about?

應 徵 者 ：我只是想請您再考慮錄用我，我相信我是最適合的人選。

All I'm asking is give me a second chance. I believe I am perfectly suited to this position.

單位主管：對不起，我們已作了最後的決定了。

Sorry, our decision is made and it is final.

應 徵 者 ：要是您們以試用的方式雇請我一個星期呢？如果到時認為我不適任，您們反正已有另外的人選了，就算有損失也不過是我的一點工資而已。

What if you hired me on a trial run for a week? If you found me disqualified, you already have someone in your mind anyways, all you got to loose is just a little wage of my pay.

單位主管：這樣的話也許有可能。 讓我考慮一下再回你電話。

That might be possible. Let me think about it and call you back later.

應 徵 者 ：非常感謝您，我不會讓您失望的。

Thank you very much. I won't let you down.

婉拒職位

如果你因種種原因而必須婉拒接受聘請，你一樣可以用電話或書面通知對方。以下是一些範例你可以參考：

○電話通知中英問答範例

對話一：

單位主管：……我打來通知你被錄取了，請於下星期一九點鐘來公司報到。

……I am calling you that we have accepted your application and please report to the office at 9 o'clock next Monday.

應 徵 者：……對不起，（1）我剛剛才接受了另一家公司的聘僱，只好跟您說抱歉了，希望我們以後有機會合作。謝謝您的錯愛，我們保持聯絡。

…I am sorry, （1） I've just accepted another offer a while ago but I do look forward to have some kind of co-operation with you soon. I appreciate your offer too; let's keep in touch. Thank you.

……（2）其實我後來想想這份工作可能不適合我，我可能不能勝任，但謝謝您的通知與賞識。

…（2） actually, I've been thinking that the position is not right for me; I have doubts about the challenges and I don't think I will do a good job. Thank you for calling me and the offer too.

……（3）請問貴公司最後決定付我的薪資是多少？

…（3）May I ask what is my salary that company has decided to pay me?

單位主管：起薪三萬。

$35,000 to start.

應徵者：對不起，我的底線是三萬五。

I am sorry but my bottom line is $35,000.

◯中英文書面通知範例

尊敬的人事部X經理：

您好！我是星期二上午十時與您面談過業務助理職位的XXX，（收到您的留言／email，）多謝您的錄取通知。

（1）很遺憾我已於日前接受了另一家公司的聘僱。

（2）經過了詳細的考慮後，因為一些個人的因素有待解決。

（3）這份工作可能不適合我。

（4）雖然我很樂意加入貴公司，但無法拒絕另一家較大的企業能提供給我的財務及工作保證。

只能忍痛婉拒您的好意。我非常感激您對我的肯定與錯愛，並誠摯地祝福貴公司的業務蒸蒸日上。

順頌時祈

簽名 敬上

Dear Mr. XXX,

I am XXX, you interviewed me last Tuesday at 10 a.m. (I received your telephone message ／ email.) Thank you for the notice.

(1) However, with my deepest apology, I have accepted another offer yesterday.

(2) After a thorough consideration, I have to decline your offer this time due to my personal reasons.

(3) This position might not suit me perfectly. Or, this job is not what I expected⋯

(4) I'd love to join your company but I cannot overlook the financial and job security that the other larger company offers me. Therefore, I must decline your offer with my greatest apology.

I appreciate your support and sincerely wish you all the best.

Yours truly,

Signature

六 迎接職場生涯的挑戰

　　恭喜你又成功地開啓了生命的另一頁，在進入社會大學之前，有10項忠告要請你牢記於心：

1. 無論是什麼職位都能夠善盡其責。

2. 爲了發展前途，維持和諧融洽的人際關係是非常重要的。

3. 要大肚能容；新人免不了偶爾受氣，這時就要能懂得自我調適，平日可看看加強EQ的書籍，化嘲諷爲力量，奮發向上。

4. 要強化溝通技巧。

5. 要善於發現變化並適應變化。不管這種變化是好還是壞，都要認眞看待及預測，因爲你目前或將來從事的職業可能與此密切相關，當然也包括了各種機遇與可能性。

6. 要靈活；你未來可能必須要經常轉換職業角色，也就是說你可能要經常靈活地從一個角色迅速轉換到另一個角色，方能適應時代環境的變化。

7. 要捨得花錢花時間學習各種知識。

8. 要不斷開拓進取、不斷開發新技能。不要只懂得埋頭苦幹，專心研究某一種專業知識，應該還時時抬頭看前方，想想這種專業知識在未來還用的上嗎？

9. 無論你認不認同，在未全盤瞭解某些新事物或人時，要多接觸他們，保持開明的態度，摒棄各種錯誤觀念，以防被誤導。

10. 選擇合作對象前要持審慎的態度，多做調查，仔細研究對方的風格和行為。

如何平安地度過試用期？

很多人在整個的求職過程中，留給企業的印象都很完美，但正式上班後卻無法通過前90天的試用期。這很有可能是因為他們忽略了老闆最想看到的下列四項事情：

1. 你是否能願意心甘情願的做一個下屬？

傲慢和自負是社會新鮮人在工作上的最大殺手。你的上司絕對會密切注視著你的的工作態度與一舉一動，來瞭解你是否是一個完全按時、依計畫和預算工作的人，繼而確認對你的信任程度。如果你的態度恭順，並能按時地將工作完成的十分出色，那麼他們就會逐漸加強對你的信任度，而且也願意聽取你的建議。

2.你是否對基本情況的學習都顯得十分有興趣？

沒有主管會不喜歡新進職員能夠以充足的精力與出色的能力，迅速掌握公司基本情況的人；但所謂「在還沒有學會走之前先不要想著跑」，先掌握住基本情況之後再學習工作上的事情，做起事來才會事半功倍哦。

3.你是否發揮了你的創意能力，為公司帶來新觀點？

大多數的主管都喜歡能夠帶來新觀點的人，但同時你也要明白剛進公司的你，說出來的話不可能會很有分量。所以在開始時，如果你與另外一位資歷比你久的前輩同時提出相似（或完全相同）的建議，但公司卻被採納了這位前輩的建議，你也千萬不要因此而感到洩氣、吃驚、或是憤憤不平。這並不是針對你而產生的不公平的情況，而純粹是因為公司對你的瞭解還不夠深，還不能完全地相信你而已。

4.你能融入公司的文化，讓公司視你為自己人嗎？

現在的企業都很強調自己的經營理念、企業形象、文化等各自的風格，所以對企業新鮮人而言，進入企業服務要有心理準備，完全開放自己，讓自己很快地融入公司的文化，再從事變革的工作。當然新人會替企業帶來新的想法、新的改變，但是並不是一進來就想要改變一切。你要能追根究柢，瞭解一個公司累積這麼多年，會有這樣的文化，一定有它的道理。假如沒有摸清楚它的背景，就拼命說它這也不好、那也不好，這恐怕是不對的。

優秀、專業的人才在一開始很快就能證明「We know how to do things here.」，他們能夠分析出企業文化的特點和問題

從明白肢體語言的暗示、穿著服飾所代表的含義、到開會時大家解決意見分歧問題的途徑等……並且能夠不著痕跡地一一解決。

雖然要達到這個境界並不是一蹴可及的，可能要花費半年或更久的時間，但如果你能瞭解並做到這一點，你才是終於與公司公司的文化合而為一，真正的成為公司一份子。

理性溝通，創造雙贏

與人相處的問題最棘手，也最具挑戰性，但俗話說：「不依規矩不成方圓」，不論做任何事都有一定的規矩，與人溝通亦不例外。

新人想要成功地與同事打成一片，建立良好的人際關係，讓事情更順心，必須要先瞭解別人是怎麼做的。在觀察了一段時間之後，要是你覺得事情真的不對，就可以用一種比較緩和的方式說：「我是沒有您懂啦，但是這個事情要是可以這樣做，不曉得會怎麼樣？」用稍微謙卑的口氣，別人也比較願意接受你的看法。

態度很重要，許多人本來或許會同意你的意見，卻為了面子問題偏偏就是不同意，溝通時的口氣和態度，是我們都要學習的。客客氣氣去跟別人請教，不必理直氣壯、盛氣凌人，別人也都還是會佩服你，你也就融入這個團體了。

　　當遇到一些看起來不合理的事情的時候，不妨先把它看成是合理的，不要一開始就「哇，怎麼會這樣？我看我還是辭職吧！」，你已經進了寶山，為什麼不拿一點寶藏出來？發現不合理的事，接著去研究它之所以會如此，就是非常寶貴的學習。要是還沒有一探究竟就走了，變成入寶山卻空手而回，實在太可惜了。假如能對不合理的事情想出很好的改變之道，你仍然是贏家。

　　所以，要是有很多你覺得不合理的事情不斷在發生，或許它們背後也有一些存在的理由。在開口或行動前，請謹記以下三項溝通基本原則：

1「理性」：

　　倘若在與人溝通時，極容易動怒發脾氣，那麼對方一定很討厭與你交談，甚至會不樂意與你配合，如此想要達成溝通目的，實如登天之難。

2「對事不對人」：

　　意即溝通時應針對事情做說明，而不是以攻擊性的言語如「你不會」、「你不懂」等傲慢言詞批評他人。唯有讓自己以客觀的態度進行溝通，如此雙方才易於達成共識。

3「平等、互利、守信」：

　　沒有人會喜歡和盛氣凌人者交往，所以在溝通時一定要抱持平等的態度；溝通最終目的為「雙贏」，也就是說結果不論是物質的或精神的，皆應為雙方可接受的，因此溝通的要點便在於言行一致、表裡如一、以及誠信重諾。

　　你先瞭解清楚，再力求改善，就不會有什麼不合理的事了。如果能有這樣的態度，大家就可以「逢凶化吉」、樂在工作，進一步施展自己的抱負了。

　　如果想要進一步瞭解你與人相處的功力有多高，目前坊間有很多關於測驗你的辦公室察言觀色指數與人際關係的書籍，你也可以在網上用搜尋引擎找到這種心理測驗。筆者推薦這兩個網站，你可以上去做做看，瞭解一下自己哪裡還須改進的，筆者就不在此贅述了：

http://www.104heart.com.tw/cfdocs/heart/Top30_a.cfm

http://www.tisnet.net.tw/cgi-bin/head/euccns?/fashion/heart/test.html

樂在工作

　　絕大多數的人在到任的前一晚都會興奮、緊張的睡不著覺。既開心又憂慮未來的新環境，不知道會是番怎樣的光景。如此折騰了一晚，恐怕第二天的表現會大打折扣哦。

　　其實到一個新環境最重要的是儘快的弄清楚誰是誰，進而瞭解到誰最重要。作為一名新進人員，如果公司沒有提供其他工作同事的姓名和頭銜，你可以自行DIY。

　　準備一本小筆記簿，遇見同事時，觀察他們做什麼，然後記下有關資料。回到自己的座位時，將每個人的姓名、頭銜、工作範圍、分機號碼等記下。人名表準備好後，你可以根據工作區域和姓

INTERVIEW

名來找人。如果你不知道各種頭銜的等級體系，不妨單獨跟蹤看誰向誰報告。不要忘記，真正有權的人並不一定擁有很唬人的頭銜。瞭解公司的等級體系，目的是避免侵犯他人的職權範圍。

開始工作時，請記住一件事，你的老闆希望你能有上乘的表現。他或她非常願意和你共事，正期待與你建立良好的工作關係。公司既然已經雇傭你，就做出了很大的投資，他們希望你成功。

當你的老闆提出建議、警告甚至批評時，不要視為一種壓抑或者不負責的批評，而要視為一種有益的幫助，能使你很快進入狀態，成為團隊中的一員。

輕鬆面對職場小人

古人說「一粒米養百樣人」，這個社會什麼樣的人都有，當然在職場中也難免會有所謂的小人。我們就在此分析一下辦公室裏常常會出現的幾種小人的心態，也許有助於你調整自己對他們的態度和策略。

❌ 欺負新人型

這種人未必是針對你個人，只是他們習慣性地排擠新來的人，以顯示自己在這個環境中的主要地位。一旦時間長了，你完全融入這個圈子了，他們就會轉移目標，去欺負其他新人。

❌ 欺善怕惡型

其實這種人並不是真正的壞人，只是水準程度不高。如果他們做得不是太過份，你大可不必去理他們；但有的時候，你也可以反擊一下，表示你也不是好惹的，他們也就會知難而退了。

❌ 是非八卦型

這種人以製造、傳播謠言為樂。對付這種人，最好的辦法當然就是敬而遠之，而且也不要在辦公室提起你的私事，因為是非八卦型的人最喜歡探聽他人的隱私，你的私事當然也將會是他們最新鮮的素材。

❌ 造謠生事型

對於一般的謠言，記住「清者自清，濁者自濁」，不必理會；但對於過分的謠言，你可以訴諸法律，因為謠言很多時候已經構成誹謗，而誹謗則可能侵犯了你的名譽權，不能坐視不管。

❌ 脾氣怪異型

如果你跟這樣的人有衝突，他們不是針對你一個人。他們可能沒有什麼惡意，只是很難相處，因為他們脾氣古怪，行事自有一套方式，你無法用正常人的思維去理解他們。

INTERVIEW

❌ 高人一等型

這種人處處要顯得比別人優越，任何人說什麼他都要插嘴，每一件事他都要證明他知道得比別人多。這背後的原因是源於他們有無法排解的虛榮心，或者是隱藏得很深的自卑感。

❌ 口蜜腹劍型

這是最危險的一種人，因為他們可能包裹著一層糖衣；在美麗的外表下藏的是一把塗了毒藥的劍。開始的時候，他們

看起來是那麼善意，那麼富有誠意，對你又那麼關心。你可能感動地把自己的一切都告訴他，但是一旦你跟他的利益發生了衝突，他就會狠狠地踩你一腳，有時候，他們甚至不惜做出「損人不利己」的事，也要找你當墊背的。

辦公室不宜話題

關於職場的生存之道，除了安分守己外，還得要瞭解有哪些話題禁忌，否則會招來不必要的麻煩，甚至惹來殺身之禍。你知道哪些話在辦公室裏是不能隨便說的嗎？

❌ 薪資秘密決不可互相交流。

有的人打探別人時喜歡先亮出自己（其實主動亮牌的往往沒好牌），比如先說：「我做的這麼辛苦才領……的薪水……，你呢？」，如果她比你多，她會假裝同情，心裏卻暗自得意。如果她沒你多，她就會心理不平衡了，表面上可能是一臉羨慕，

私底下往往不服，這時候你就該小心了，背後做小動作的人通常是你開始不設防的人。

如果你遇上這樣的同事，當她有打探你的薪資的意圖時，你要儘早打斷她，就直接說公司有規定不准談薪水；如果不幸你沒她快，不等你攔住就把話都說了，也沒關係，你可以用直接了當地說：「對不起，我不想談這個問題，我們談些別的好嗎？」，相信她以後就不會與你談起薪資這個話題了。

❌ 私人的經濟狀況越少人知道越好。

有些快樂，分享的圈子越小越好；被人妒忌、甚至招人算計的滋味並不好受。例如，你剛買了第三棟新房子、平日以高級轎車代步、老公或男友又送了你什麼禮物，這些都沒有必要拿到辦公室來炫耀；什麼該說什麼不該說，心裏必須有譜。

無論露富還是哭窮，在辦公室裏都顯得做作，與其討人厭，不如知趣一點，不該說的話都不說。

❌ 私人感情生活不宜在辦公室中當成連續劇上演。

無論失戀還是熱戀，別把情緒帶到工作中來，更別把自己的故事帶進來。工餘時同事聊天，說起來只圖痛快，不顧後果，事後往往懊悔不已，只可惜說出口的話潑出去的水，再也收不回來囉！

把同事當知己的好處當然是有，但壞處可能更多；職場是競技場，每個人都可能成為你的對手，即便是合作很好的搭檔，也

可能突然變臉，你暴露的越多越容易被擊中要害。

職場上風雲變幻，環境險惡，你不害人，同時也不得不防人，把自己的私域圈起來當成辦公室話題的禁區，輕易不讓公域場上的人涉足，其實是非常明智的一招，是競爭壓力下的自我保護。「己所不欲，勿施於人」，如果你不先開口打聽別人的私事，自己的秘密也不易被打聽。

不談自己的私人事情，也別議論別人的是非長短，以為議論別人沒關係，用不了多久就能繞到自己頭上，引火上身，那時再跑就來不及了。

V 樹大招風、野心勃勃遭人忌。

筆者在本書中一直不斷地鼓勵大家要積極進取，但表現的態度與手法很重要，處理得不好，很容易自己怎麼死的都不知道。

在公司裏，要是你沒事整天叨唸「我要自己開業當老闆」，很容易被老闆當成敵人，或被同事看作異己。如果你說「以我的條件起碼夠格當副總」，或是「明年部門經理這個位子就是我的了」，那你很容易使自己處於四面環敵的危機中。

野心人人都有，但是樹大招風，而且一個蘿蔔一個坑，何苦被人處處提防，被同事或上司看成威脅？！你表現上進的對象是上級而不是同事；立了功，要將榮耀歸於上司，為上司留點面子；同事間相處，你不妨低姿態些，這些都是自我保護的好方法，又不至於讓老闆認為你是可有可無的人。

你的價值是體現在做多少事上，該表現時表現，不該表現時就算韜晦一點也沒什麼不好；能屈能伸才能成為能人，而能人能

在做大事上，而不在大話上。

　　說話要分場合，談公司裏的事情最好在比較適合、公開的場所，比如，部門主管徵詢意見時，你不說話就不行，或者開會討論時，該發言也不能悶著，老不說話老闆以為你是個沒有聲音的人，大家也不會尊重你了。至於休息時，同事間找些話題來放鬆一會兒，順便增加感情，最好就是圍繞新聞、影視消息來談聊天，避開個人話題，這樣不僅放得開而且無害。

「不」在心中口難開？

　　雖說新人初來乍到，為求迅速進入狀況及力求表現，通常會全盤接受公司交待下來的任務，而且筆者也有建議做人低姿態些，才是職場生存的自保之道；但萬一遇到不合理的要求、被他人惡意的嫁禍委過、或是精神體力不勝負荷，該拒絕的還是要勇敢地說「不」。

　　心理學專家張怡筠博士*在學習說「不」的藝術*文中說，一般人不會或不敢拒絕是因為害怕得罪對方，其實當我們拒絕別人時，並不代表我們一併拒絕了與對方的往來情誼。而且如果因為不會或不敢拒絕他人的請託，長此以往，會造成重大的工作壓力。若僅是為了要取悅別人，而得委屈自己，忽視自己真正的想法，是很容易賠上心情與健康的。所以，若想要成為快樂又有效率的上班族，就必須學會說「不」的藝術。

○六種說「不」的方法

那在什麼樣的情況下該用什麼樣的方法說「不」呢？張博士因應不同的狀況及對象介紹了六種最合適說「不」的方法，以及該如何高明的說「不」：

1.解釋的「不」：

提供原因，以表示自己「非不為也，是不能也」的心意；「很抱歉，我星期一三五晚上有課要上，我一下班就得馬上趕過去，今天無法加班幫忙。」。此類的「不」適用於想做，卻真正有困難時。

2.詢問的「不」：

傳達自己有誠意幫忙的意願，並積極尋求替代方案，以幫助對方達成任務；「很抱歉，我現在無法幫忙，你如果很趕的話，可以請XX先做嗎？」

3.提案的「不」：

「我現在不能去，但是明天早上可以，這樣好嗎？」。這種「不」不是打太極拳，適用於當你真的可以完成允諾的情況下，否則只會賠上信用，更會壞了別人的事。

4.瞭解的「不」：

表達瞭解對方想法，但仍堅持自己的拒絕立場，並且不願意討價還價：「我知道這個工作很緊急，但是很抱歉，在這方面我

不是專家，無法幫忙。」

5.簡單而直接的「不」，但不帶歉意：

「不，我不想（要、做、去……）」適用於別人惡意地想把他的問題推諉到你身上時。

6.跳針唱片的「不」：

重複不斷的表達同一想法；「不行，我無法幫忙」……「不行，我無法幫忙」……當對方糾纏不休時，像跳針的唱片一般，重複播放著同一句話，以表示自己堅定的決心。

　　在人際溝通中，重要的不是你說了些什麼，而是你怎麼說。說「不」不會毀了你的人際關係；只要能夠將說話的語氣拿捏合宜，那麼對方的接受度就會大為提高，避免誤會的產生。

○高明的說「不」的技巧

　　有了方法，還得配合上態度，才能真正的傳達訊息及表達立場。以下是張博士建議的高EQ態度來說「不」：

Ⓥ 溫和有禮型：

態度客氣和善，加上溫和、語調平緩輕輕地拒絕。你不妨先對著鏡子練習幾次，直到自己覺得滿意為止，這麼一來，當你真的面對對方時，就會自在許多了。

INTERVIEW

Ⓥ 簡短堅決型：

簡短扼要會幫果決度加分，拉拉雜雜的解釋往往傳達了心虛，或心意不堅的感覺；但你絕對不必臭著臉說「不」，才能表示自己的決心。

Ⓥ 多謝肯定型：

最後別忘了對對方的善意加以肯定，例如：「不管如何，還是很謝謝你想到我，也許下次再一起合作……。」

筆者加入張博士的這篇*學習說「不」的藝術*的用意，是避免大家在工作中受到無謂的干擾，以提昇工作品質，減輕工作負荷與壓力；而並非教你事事都可以說「不」。所謂「為善最樂」、「助人為快樂之本」，其實想想看在公司裡最得人緣、也最令人欣賞的同事，絕對是具有團隊精神、樂意助人的傻子，你說是嗎？

後記
成功只在一念間

人的一生有好幾個階段，像攀岩般，想往上爬就得要有足夠的體力、耐心、還有智慧才能到達山頂。

離開學校進入社會，是人生中一個很重要的階段。一旦選擇錯誤可能會讓人兜兜轉轉一大圈才能回到正途；有的人甚至可能就從此被困在轉角處，一輩子出不來；但也有些人會得到高人指點，覓得捷徑，兩三下就攀到高峰。

人通常都是只看到事情的表面，所以仰望高處，心中有時不免意難平，於是暗自思量：「為何大家旗鼓相當，成就卻有高低？」幸運當然是存在的，但前提一定是要自己先有某種程度的付出，才有收穫的。凡事皆有其一定的因果關係，這不是老生常談。結的果是大是小、是苦是甜，端看你與它的因種的是深還是淺。幸運不會一直常伴左右，平步青雲的機緣，除了需要靠貴人提攜，平時自身也需付出甚多：培養良好的習慣、開朗的心情、寬廣的胸懷、廣結善緣，自然會比別人多些機會得到貴人的青睞。

有些人看到此，會覺得：「哇！要做這麼多的事，大概很難，也可能要花很長的時間。」其實這些都只在你的一念之間，不相信？看看下面這幾個小故事，你就知道我沒有騙你了：

✅ 原來獲得賞識很簡單，養成好習慣就可以了。

有一個人在等待面試時，隨手將走廊上的垃圾撿起來，丟進了垃圾桶，被路過的面試官看到了，因此而得到了這份工作。

✅ 原來出人頭地很簡單，吃點虧就可以了。

有一個人在花店當小弟，他習慣除了將花包的漂漂亮亮地之外，還會細心地先將花刺給剪掉，交給客人時還不忘說明可以放心地捧著花束，並誠心的祝福客人。其他學徒都一直都笑他是多此一舉；在其中一位客人光顧後的第二天，小弟被挖角到那位客人的公司擔任客服部領班。

✅ 原來尋找成功的方法很簡單，做事按部就班不要跳過就可以了。

有一個不諳廚藝的人，一天心血來潮，試著用自己的想像力做菜請客，煮完後卻發現肉沒熟，調味也不對，根本不能入口。沒先參考食譜，門外漢硬充專家的結果就是白白的浪費食物，與留下笑柄。

✅ 原來培養孩子很簡單，讓他吃點苦頭就可以了。

不給孩子零用錢，讓他們高中畢業就去打工，看著孩子每天刻苦的生活，心疼的祖父母對孩子的父親說：「你們的錢不夠用嗎？為何要讓孩子受這些苦。」孩子的父親回答說：「我們不是缺錢用，我是在培養我的孩子。」

☑ 原來掌握命運的方法很簡單，遠離懶惰就可以了。

住在鄉下稻田邊的野狗對住在城市裡的流浪狗說：「你這裡太危險，搬來跟我住吧！」城市的流浪狗說：「我已經習慣了，懶得搬了。」幾天後，田邊的野狗去探望城市的流浪狗，發現牠已被車子壓死，暴屍在馬路上。

☑ 原來脫離沉重的負荷很簡單，放棄固執成見就可以了。

有一隻小雞破殼而出的時候，剛好有隻烏龜經過，從此以後小雞就背著蛋殼過日子。

以上這些小故事都說明了機會是留給有準備、用心做事的人。企業會把提拔人才或升遷的機會，留給隨時在做準備的員工。對於社會新鮮人而言，尤其是要隨時有接受各項任務的心理準備，就算是mission impossible，都可以當作是磨練自己的做事方法與態度的機會，而且一旦成功了，必定會有非常大的成就感。

真正成功的人常常保持熱忱，主動多負起一些責任；常常和別人溝通，表達自己的意見；常常保持進步、成長，參加講習、訓練等充實自己的方式，所以一旦機會來臨，他們也就有充分的能力可以大展身手。

各位讀者未來在工作上可能慢慢會發現，高學歷與埋頭苦幹只是成功的一部分條件，真正成功的人常會去做失敗者不願意做的事，而且會把它培養成一種習慣。當大家發現一件事是「只有責任沒有權力」的時候通常都不願意去做，而你卻把它當成一個機會拿來做，在大家都放棄的時候，你就有了成功的機會。

附錄一：人力資源相關網站

工作說明（英文）：〝The Occupational Outlook Handbook〞

http://stats.bls.gov/oco/oco1002.htm

臺北市政府勞工局

http://www.bola.taipei.gov.tw/DupeWeb/

臺北市政府勞工局就業服務中心（大台北才庫）

http://www.okwork.gov.tw/

行政院勞工委員會

http://www.evta.gov.tw

求職工作網站

臺灣地區：

http://www.104.com.tw

http://www.1111.com.tw

http://www.9999.com.tw

http://www.cheers.com.tw

http://www.ctcareer.com.tw   or

http://www.ctjob.com.tw

http://www.erc.com.tw

中國／香港：

http://www.chrm.gov.cn

http://www.21jobs.net

http://www.career-post.com

http://www.chinacareer.com

http://www.china-hotjob.com

http://www.jobcn.com

http://www.jobs.gov.hk/nfindexc.htm

http://www.labournet.com.cn

http://www.ndtinfo.net/hichina1/otherweb/job.html

http://www.newjobs.com.cn/index.jsp

http://www.swifthorse.com

http://www.csb.gov.hk

http://www.careers.labour.gov.hk/2000/practice/handbook1/content1.htm

http://www.jobspower.com

性向與職業配對心理測驗

http://www.104heart.com.tw/cfdocs/heart/Top30_a.cfm

http://www.tisnet.net.tw/cgibin/head/euccns?/fashion/

heart/test.html

http://www.strongnet.com/jobcq/content/test/default.ht

m

跳槽自我測驗

http://www.cheers.com.tw/activity/change/quiz.asp?etyp

e=msn

高雄市工商登記資料查詢

http://se450.kcg.gov.tw/~rbweb01/

勞動基準法網站

http://www.labor.net.tw/

經濟部工業局公司登記資料及申請案件查詢系統

http://www.moea.gov.tw/%7Edoc/ce/cesc1004.html

經濟部公司登記資料庫

http://www.corey.hinet.net/business/

臺北市公司及商業登記管理資料庫

http://ooca.dortp.gov.tw/

薪資調查網站

臺灣地區：

http://www.hrgini.com/jobseeker/number01.htm

中國/亞洲：

http://salary.chinahr.com/result5/index.asp

http://www.eetc.globalsources.com/ART%5F8800
273712%5F617743%2C617751.HTM

附錄二：各行各業的英文關鍵字與職務簡述

　　在撰寫英文履歷時，求職者可參考使用下列建議之關鍵字與職務簡述來作正面的敘述。

　　求職者千萬不可以把所有在此列出的「建議」關鍵字與職務簡述都寫進你的履歷中，只能寫你真正做過的事情。

Accountant／Clerk／Bookkeeper　會計師／簿記員

◆Required *條件*

- ☑ BS in finance or accounting with 4 years of experience or
- ☑ MBA in related field with 2 years of relevant experience
- ☑ accounting
- ☑ financial reporting
- ☑ financial statement
- ☑ Excel

◆Desired*需要技能*

ability　能力才幹

analytical ability　分析能力

business policies　貿易政策

customer　顧客

financial analysis　財務分析

financial　金融財政

forecasting　預測

policy development　政策發展

process improvement　過程改進

team player　合群者

◆Job Description*職務簡述*

☑ Performed general accounting functions.

　從事一般會計職務。

☑ Prepared daily cash reconciliation for business activity, as well as monthly bank reconciliation.

　準備當日營業活動的現金收支差額平衡表，及每

月銀行的收支差額平衡表。

✔ Posted daily entries, reconciled receivable to general ledger.

紀錄每日細目帳、應收帳款差額平衡並轉入總帳。

✔ Maintained petty cash balance.

維持小額現金的結算。

✔ Compiled and prepared monthly statistical reports

收集與準備每月統計報告。

✔ Processed and filed quarterly and annual tax reports.

辦理與申報季度和年度報稅事宜。

✔ Coordinated year-end audit.

負責年終財務審查。

✔ Prepared tax returns and financial statements.

準備報稅及財務報告。

☑ Communicated with controller／CFO and top management about accounting procedures, problems or potential problems.

與審計及高級主管溝通有關會計的程序問題,或未來可能發生的問題。

☑ Assisted customers with deadline payments or installments before placing accounts to enforce collection.

協助顧客在被列入強制催收帳款之前,於截止日前付款或分期付款。

☑ Managed account receivable, billing, and collection.

管理應收帳款、送發帳單、與收帳等事宜。

☑ Managed payroll of ___

管理___位員工的薪資發放。

☑ Analyzed financial information and prepared financial reports to determine or maintain record of assets, liabilities, profit and loss, tax liability, or other financial activities.

分析財務資訊及準備財務報告，已測定資產、債務、盈利虧損、稅付、及其他財務活動的去留。

☑ Processed staff and administrative payroll and personnel related form, including time sheets and change forms.

主理員工與主管的薪資發放，及與人事有關的表格，如簽到表和資料變更申請表。

☑ Review accuracy of forms, identified and resolved discrepancies and verified account numbers and pay rates.

審核表格的正確性，確認及解決不合之處，驗明帳號及薪資等級。

☑ Performed computerized batch entry and editing of payroll time input.

從事電腦化的整體輸入和編輯薪資時間表。

✓ Compiled and entered payroll data, posted wages, reconciled errors, such as hours worked, sales, orpiece-work, taxes and insurance and union dues to be withheld.

收集與輸入薪資資料，列明薪資等級，調整差額，如工時、銷售額、論件計酬、稅金、保險及工會會費的預繳等。

Business Operations／Customer Services Specialist　業務／客服專員

◆Required*條件*

✓ bachelor's degree

✓ 4 years of related experience

✓ production schedule

✓ project planning

◆Desired*需要技能*

ability to implement	執行能力
ability to plan	計畫能力
analytical ability	分析能力

automatic tools	自動化工具
automation	自動化
customer interaction	顧客互動作用
customer interface	客戶介面
data analysis	資料分析
network	網路
skills analysis	技能解析
team player	合群者

◆Job Description*職務簡述*

☑ Developed new accounts.

開發新客戶。

☑ Greeted customers, checked product on shelves and display.

接待顧客，檢視架上貨品及商品的陳列

☑ Greeted customers, responded telephone ad in-person inquiries, provided information regarding policies, procedures, and special events.

接待顧客，回答電話與店內顧客查詢，提供關於
政策、程序、及促銷特別活動等的資訊。

☑ Provided customer services, explained
merchandise, ring purchases, wrapped gifts, and
maintained department.

為顧客提供服務，解釋商品，收款，包裝禮物，
和維持店內整潔。

☑ Took orders on phone, mailed orders, and filed.

以電話接洽訂單、寄送訂貨、存檔。

☑ dvised customers by phone for installations,
upgrades, disconnection, and adding services.

在電話中告知顧客關於安裝、升等、中止與加值
服務等資訊。

☑ Maintained regular contact with customer base
through written and telephone correspondence.

以郵件和電話來與客戶保持常態聯絡。

✓ Recommended products, maintained, and directed vendors executing assigned marketing programs.

推薦產品、維持和指導商家執行指定的促銷計畫。

✓ Greeted visitors, answered telephone, used computer to enter time sheet, took care of customers' needs.

接待顧客，接聽顧客來電，操作電腦以輸入時間表，照顧顧客的需要。

✓ Displayed merchandises in the selling area, demonstrated products and helped guests in choosing merchandise, operated the cash register.

於銷售區內陳列商品、說明示範產品、協助顧客選購商品、操作收銀機。

✓ Handled the customer purchases, answered any inquiries, and wrapped merchandise.

處理收款、回答顧客詢問、包裝商品。

☑ Received payments, operated register, issue receipts, handled credit transactions, recorded for the amount received, and kept the area neat.

收款、操作收銀機、開收據、辦理信用卡付款、記帳、和保持店內整潔。

☑ Participated in all aspects of the business, traveled and attended trade shows, analyzed and reviewed sales results.

參與所有業務，出差參加展銷會，分析檢討銷售成果。

☑ Made sales presentations orally and in written to existing and potential customers, entered data into the billing system.

以口頭及郵件介紹產品給舊客戶和可能的新客戶，輸入資料進入會計收帳系統

☑ Made cold calls, took and entered orders, printed invoices, and entered customer information.

致電客戶，接訂單，輸入訂單，印列發票，及輸入客戶資料。入客戶資料。

☑ Ensured a safe and pleasant reception area, present excellent public relation in the neighborhood.

保持展銷區內的安全和愉悅的氣氛，做好公關。

☑ Ready work station at start of shift, stroke and balanced cash and transactions at end of shift.

上班前打點好工作站，下班後結算及平衡收支金額。

☑ Acquired and maintained current knowledge of company's products and services. Maintained current awareness and knowledge of all applicable government regulations.

明瞭公司的產品與服務，和政府的相關規定。

Financial Analyst 金融分析師

◆Required*條件*

☑ BS in finance or accounting with 4 years of experience or

- ☑ MBA in related field with 2 years of relevant experience
- ☑ certified public accountant
- ☑ forecasting

◆Desired *需要技能*

accounting　會計

develop trends　發展趨勢

financial modeling　財務模式

financial statement　財務報表

financial　金融財政

presentation skills　會議報告技能

results analysis　結果分析

strategic planning　策略計畫

team player　合群者

trend analysis　趨勢走向分析

trend　趨勢走向

◆Job Description*職務簡述*

☑ Prepared annual operating budget for _____

為_____部門準備年度預算。

☑ Prepared monthly budget performance.

準備每月預算執行。

☑ Developed financial statements.

建立財務報表。

☑ Conducted cash management and cash flow forecasting.

處理現金管理及流動現金的預算。

☑ Handled financial matters ad negotiations related to line of credit, banking fees, vendor terms and insurance policies.

處理財務事項，與協商有關信用、銀行費用、商家期約及保險政策。

☑ Audited and prepared annual report of corporation and affiliate corporations.

審查及準備公司及合作公司的年度報告。

☑ Dealt independently with representatives of outside agencies.

獨立對外交涉。

☑ Pursued funding for and oversaw research in fields affecting programs and clients.

開發經費及監督涉及之企劃案與顧客的研究。

☑ Developed and implemented of print and online marketing strategies.

發展與實行平面及網上的行銷策略。

☑ Analyzed ____costs for executive management on a weekly basis

每星期為管理階層做____的成本分析。

Information／Software Engineer　電腦資訊師／軟體工程師

◆Required*條件*

☑ BS／MS in engineering, computer science or closely related field

☑ 8 to 9 years of experience

◆Desired*需要技能*

code development　法規發展

communication skills　通訊／溝通技能

DASD　直接存取儲存裝置

experiment design　實驗設計

methodology　方法論

problem solving　問題求解

prototype　原型

real time　即時

software design　軟體設計

structured design　結構化程式設計

supervision　監督

testing　測試

◆Job Description*職務簡述*

☑ Maintained and implemented _____ system.

維持和完成_____系統。

☑ Analyzed, maintained, and enhanced _____ system.

分析、維持、和加強_____系統。

☑ Familiar with languages: C, C++, JAVA, JAVA SCRIPT, VISUAL BASIC, SQL, HTML, AND XML.

熟悉的程式語言: C 與 C++、JAVA 與 JAVA SCRIPT、VISUAL BASIC、SQL、HTML 與 XML（基本網頁設計）。

☑ Computer systems: Windows 98, ME, 2000, XP, UNIX, and LINUX.

電腦系統：中英文視窗 98，ME，2000 與 XP基本設定至高階運用純熟，熟悉UNIX 及 LINUX 基本架構， 設定與運用。

☑ Proficient in MS Words, PowerPoint, Excel, and graphic design software packages like: Photoshop (for photo creation and editing), flash (for animation), Acrobat, Project、Front Page、Access.

應用程式：熟悉微軟 OFFICE 套件 （版本 2000） 中高級運用，包括WORD、EXCEL、POWER POINT、PROJECT、FRONT PAGE、ACESS。

☑ Commercial software: Quicken and MS Money

商用軟體：QUICKEN 及微軟 MONEY。

☑ 2000 SERVER, Win 2000 PRO, Win 98; FILE and WEB SERVER in LINUX network

Network set up used systems include: Win 2000 SERVER, Win 2000 PRO, Win 98; FILE and WEB SERVER in LINUX network

網路架設：1.曾使用視窗2000 SERVER及視窗 2000 PRO與視窗98建立中小型辦公室網路； 2.LINUX 架構的 FILE 及 WEB SERVER。

Secretary／Assistant／Office Clerk
秘書／助理／文員

◆Required條件

- ✓ high school education or equivalent

- ✓ 5 years of experience

- ✓ typing skill of 55－60 wpm

- ✓ interpersonal skills

- ✓ oral communication

◆Desired需要技能

administrative assistance　行政助理

answer phones　接聽電話

appointments　約會

clerical　文員

communication skills　溝通技巧

confidential　機密

data analysis　資料分析

document distribution　文件分發

edit　編輯

file maintenance　檔案維護

mail sorting　郵件分類

word processing　文書處理

policies and procedures　政策和程序

presentation　會議報告

problem solving　解決問題

project planning　專案規劃

records management　記錄管理

reports　報告

schedule calendar　行程表

screen calls　過濾電話

secretarial　秘書的

telephone interview　電話訪談

troubleshoot　檢修問題

◆Job Description*職務簡述*

☑ Provided secretarial support services: reception, phone answering, call screening, message taking, composing correspondence, filing, scheduling, data entry, documentation, etc.

提供各類秘書服務：接待訪客、接電話、過濾電話、紀錄留言、處理信件、建檔、安排行事曆、輸入資料、文書處理等。

☑ Administered daily office operations.

執行辦公室的例行運作。

☑ cheduled and arranged for meetings and special events.

排定會議及特殊活動時間表。

☑ Maintain and prioritized appointment calendar, and assisted with travel plans.

維持行事曆與排定其優先順序，並協助安排出差計畫。

✓ Produced correspondence, documents, and organized meetings for staff.

製作信件、處理文書、組織人員協商。

✓ *Proficient in MS Words, Excel, Access, PowerPoint.*

熟練操作電腦及其他應用軟體來製作文書、試算表、資料庫、會議報告。

✓ Drafted and distributed invitations, announcements, records, reports, charts, and various materials.

製作及分發邀請函、公告、紀錄、報告、圖表、和各式資料。

✓ Proofread and edited documents for clarity and grammar.

校對及編輯文件，以確保文意明確和文法正確。

✓ Provided general research project and administrative support such as editing and preparing data for review and entry.

☑ Provided administration support to top management.

為高層提供所有行政支援。

☑ Operated various office equipment as following：computer, fax machine, calculator, and photocopier.

操作各種辦公室設備，包括：電腦、傳真機、計算機、及影印機。

☑ Maintained inventory and ordered office supplies.

維持存貨及訂購辦公室用品。

☑ Provided clerical support to department relating to a variety of equipment needs, including typing, word processing, ordering, and tracking equipment inventory.

為提供部門有關使用設備所需之文員支援，包括：打字、製作文書、用品訂購、及追蹤設備存貨

☑ Updated database to ensure accuracy of billing for equipment.

隨時校正資料庫最新資料，以確保有關設備的清單正確 。

☑ Handled all administrative duties such as typing, petty cash and expense reports, filing, word processing, faxing, scheduling, and contacting participants.

處理所有行政事項，例如，打字、辦公室零用現金支出紀錄、建檔、文書處理、傳眞、安排時間表、聯絡參與者。

☑ Oversaw daily office functions. Provided full range of secretarial and administrative support including: prepared and edited reports and presentations, replied to routine correspondence, opened and routed mail, organized files, provided phone coverage, coordinated travel plans and produced itineraries, scheduled meetings and dept supervisor's calendar.

監督每日辦公室的各項事務。提供所有秘書及行政範圍內的支援，包括：準備、編輯和發表報告，處理郵件，回覆信件，建檔，接電話，協調

出差計畫及製作旅行行程表，排定會議行事曆，
和保持上司的行事曆正確。

☑ Answered telephones, provided requested
information and materials, maintained and
updated various database files, produced routine
communication and formed letter, proofread and
edited documents, maintained inventory ad
ordered supplies.

接電話，提供所需之資訊，維持及補充各類資
料、檔案，製作例行的通知與信件，校對和編輯
文件，維持存貨及訂購用具。

☑ Administered daily operations: answered
telephones, screened calls and took messages.
Generated letters, memoranda, reports, forms,
newsletters and brochures. Set up spreadsheet,
entered data, edited and updated documents and
information.

處理日常職務如下：接聽電話、過濾電話、及留
言。製作信件、備忘錄、報告、表格、通訊錄、
及手冊。建立試算表、輸入資料、編輯、和隨時
校正文件及資訊。

✓ Stayed aware of all manager's activities and accounts, typed correspondence and proposals.

清楚經理所有的活動及帳目,處理信件,及提企劃案。

✓ Filled in where necessary.

隨時提供支援。

Supervisor／Business Manager 主管／業務經理

◆Required*條件*

✓ BS in engineering or computer science

✓ 10 years of related engineering and／or manufacturing experience

✓ strategic planning

✓ network

✓ product management

✓ program management

◆Desired*需要技能*

business plan　貿易計畫

CAM　電腦輔助製造

general management　總務

line management　直線管理

marketing　行銷

OEM　原設備製造商

product strategy　產品策略

profit and loss　盈虧帳目

vendor　賣方

team player　合群者

◆Job Description*職務簡述*

☑ Supervised, monitored, and directed daily operations of a team.

管理、監督、及指導小組每日的運作。

☑ Kept track of day-to-day operation of the office.

監管日常辦公室的運作。

☑ Maintained smooth day-to-day operations of the office.

維持辦公室每日的運作順暢。

☑ Provided management support: assisted recruiting, new staff training, job assignment, and work review.

提供管理階級的支援：協助招聘人員、新進職員的訓練、分派工作、及督導工作情況。

☑ Supervised, directed, trained, and evaluated staff.

管理、指導、訓練、及評估員工。

☑ Supervised staff, assigned jobs, negotiated duties, and monitored their works.

管理員工、分派工作、協調職務、及督導他們的工作。

✓ Designed staff training, directed its implementation, completed all required reports／documents／evaluations in a timely manner, and attended staff meeting periodically.

設計員工訓練、督導課程的執行，及時完成所有需要的報告、文件、或評估，並定時參與員工會議。

✓ Formulated and administered organization policies and procedures as well as developing and executing strategic long term goals and objectives.

制定與實施公司機構的政策和程序，以及發展和執行長期策略性目標及目的。

✓ Advised on development of projects.

對發展計畫提出建言。

✓ stablished, implemented, and administered company projects and plans.

建立、完成、及執行公司的企劃和構想。

☑ Assisted with resolution of problems.

協助解決疑難雜症。

☑ Planned, directed, and coordinated supportive services of an organization, such as record keeping, mail distribution, reception, and other office support services.

計畫、指導、及協調機構的支援服務，例如，紀錄的保持、郵件的分派、接待服務、和其他各類支援服務。

☑ Oversaw facilities planning, maintenance, and janitor operations.

監督公司設施計畫、維修、以及清潔管理。

☑ Planned and directed 一policies and programs to create or promote interest in a product or service for a department, an entire organization, or an account basis.

計畫和指導的政策及企劃，以創造或提高一個部門、整個機構、或一位客戶的產品或服務的興趣。

☑ Developed and implemented new procedures, prepared reports, maintained statistical records, and all related functions.

發展及實行新的程序，準備報告，保管統計資料、和其他相關的項目。

☑ Developed innovative and flexible plans to address business needs and market changes.

因應業務上的需要和市場的變更，來發展創新的、可調整性的計畫。

感謝名單

感謝朋友、家人，特別是我的丈夫Patrick，在我閉關寫書的期間，給我無限的支持與鼓勵。

校稿

家父汪叔游教授

家母汪李邦彥女士

侯念斯小姐

拍照場景提供

Acupuncture Chinese Health-Care Clinic

加拿大 Walton College

照片人物與服裝提供

Mr. Adrian Fung

Mrs. Jill Rigby

Ms. Amber Chen

Ms. Gladys Chan

Ms. Winnie Chen

陳國容小姐

陳端群先生

陳熾煌先生

劉起漢先生

家姊汪意如小姐

家兄汪湛如先生

家姊汪九如小姐

Appreciation

面試Easy Job!

著　　者 / 汪心如
出 版 者 / 生智文化事業有限公司
發 行 人 / 林新倫
企劃編輯 / 趙明儀
登 記 證 / 局版北市業字第677號
地　　址 / 台北市新生南路三段88號5樓之6
電　　話 / (02)2366-0309
傳　　眞 / (02)2366-0310
E-mail / book3@ycrc.com.tw
網　　址 / http://www.ycrc.com.tw
郵撥帳號 / 19735365
戶　　名 / 葉忠賢
排　　版 / 康百利有限公司
美術編輯 / 蕭儀婷
封面設計 / 呂慧美
印　　刷 / 鼎易印刷事業股份有限公司
法律顧問 / 北辰著作權事務所　蕭雄淋律師
初版一刷 / 2003年6月
定　　價 / 新台幣199元
ＩＳＢＮ / 957-818-519－7
總 經 銷 / 揚智文化事業股份有限公司
地　　址 / 台北市新生南路三段88號5樓之6
電　　話 / (02)2366-0309
傳　　眞 / (02)2366-0310

- -
本書如有缺頁、破損、裝訂錯誤，請寄回更換。

版權所有　翻印必究
- -

國家圖書館出版品預行編目資料

面試 Easy Job! / 汪心如作. -- 初版. -- 臺北
市 : 生智, 2003[民 92]
　　面 ；　　公分
部份內容中英對照
ISBN 957-818-519-7(平裝)

1. 就業　2. 面談

542.77
92008920

LOT 系列

D6101	觀看星座的第一本書	王瑤英/譯 NT:260
D6102	上升星座的第一本書 (附光碟)	黃家騁/著 NT:220
D6103	太陽星座的第一本書 (附光碟)	黃家騁/著 NT:280
D6104	月亮星座的第一本書 (附光碟)	黃家騁/著 NT:260
D6105	紅樓摘星—紅樓夢十二星座	風雨、琉璃/ NT:250 著
D6106	金庸武俠星座	劉鐵虎、莉 NT:180 莉瑪蓮/著
D6107	星座衣 Q	飛馬天嬌、 NT:350 李昀/著
XA011	掌握生命的變數	李明進/著 NT:250

FAX 系列

D7001	情色地圖	張錦弘/著 NT:180
D7002	台灣學生在北大	蕭弘德/著 NT:250
D7003	台灣書店風情	韓維君等/著 NT:220
D7004	賭城萬花筒—從拉斯維加斯到大西 洋城	張 邦/著 NT:230
D7005	西雅圖夏令營手記	張維安/著 NT:240
D7101	我的悲傷是你不懂的語言	沈 琬/著 NT:250
XA009	韓戰憶往	高文俊/著 NT:350

李憲章 TOURISM

D8001	情色之旅	李憲章/著 NT:180
D8002	旅遊塗鴉本	李憲章/著 NT:320
D8003	日本精緻之旅	李憲章/著 NT:320

元氣系列

編號	書名	作者	定價
D9101	如何征服泌尿疾病	洪峻澤/著	NT:260
D9102	大家一起來運動	易天華/著	NT:220
D9103	名畫與疾病——內科教授為你把脈	張天鈞/著	NT:320
D9104	打敗糖尿病	裴 駉/著	NT:280
D9105	健康飲食與癌症	吳映蓉/著	NT:220
D9106	健康檢查的第一本書	張王黎文/著	NT:200
D9107	簡簡單單做瑜伽——邱素貞瑜伽天地的美體養生法	陳玉芬/著	NT:180
D9108	打開壓力的拉環——上班族解除壓力妙方	林森、晴風/著	NT:200
D9109	體內環保——排毒聖經	王映月/譯	NT:300
D9110	肝功能異常時該怎麼辦？	譚健民/著	NT:220
D9111	神奇的諾麗——諾麗果健康法	張慧敏/著	NT:280
D9112	針灸實務寶典	黃明男/著	NT:550
D9113	全方位醫療法	王瑤英/譯	NT:250
D9114	一生的性計畫	張明玲/譯	NT:700
D9115	妳可以更健康——正確治療婦女疾病	李奇龍/著	NT:300
D9116	性的魅力	范琦芸/譯	NT:300
D9117	讓瑜伽當你健康的守護神	陳玉芬/著	NT:300
D9118	十全超科學氣功——祛病靈修實務	黃明男/著	NT:250
D9119	觀象察病——如何解讀疾病的訊號	姚香雄/著	NT:200
D9201	健康生食	洪建德/著	NT:180